Couverture inférieure manquante

THÉÂTRE DU JEUNE ÂGE

LES
Contes de Fées
à la Scène

LE CHAT BOTTÉ	LE PETIT POUCET
LA BELLE AU BOIS DORMANT	PEAU D'ANE
LE PETIT CHAPERON ROUGE	LA PANTOUFLE DE CENDRILLON

PAR

Mme BELLIER (Marie KLECKER)

DEUXIÈME ÉDITION

PARIS
PAUL OLLENDORFF, ÉDITEUR
28 bis, rue de Richelieu, 28 bis

1898
Tous droits réservés

THÉATRE DU JEUNE AGE

Les Contes de Fées à la Scène

PAUL OLLENDORFF, Éditeur
28 bis, RUE DE RICHELIEU, PARIS

THÉATRE DU JEUNE AGE
PAR Mme BELLIER-KLECKER
2 volumes illustrés par M. de FONREMIS. — Chaque volume : broché 3 fr. 50, relié 5 fr.

CHAQUE PIÈCE SÉPARÉE : **50** CENTIMES

ENVOI FRANCO CONTRE MANDAT POSTAL

1er VOLUME

	Actes	Person-nages		Actes	Person-nages
Le Vieux Maître d'École alsacien	3	9	Une Récompense	3	9
Le Petit Magicien	1	6	La Légende de l'Arbre de Noël	3	4
Tous Musiciens	3	7	Papa, Maman	1	2
Les Petites Fileuses bretonnes	2	5	Un Bon petit Cœur	1	2
Le Marchand de Moulins à vent	1	7	Le Petit Pâtissier	2	6
Sous les vieux Uniformes	2	7	Les Saisons	1	4
La Poupée malade	1	3	Autrefois, Aujourd'hui	1	2
Au Coin du Feu	3	5	Le Nid tombé	2	3
Rossignol et Fauvette	1	1	La Lanterne Magique	1	5
Dans la Forêt	3	7	Le Roi de la Fève	4	6
La Kermesse	1	2	Une École de Poupées	1	2
Chez M. Figaro	1	9	La Petite Cantinière	2	5
Le Petit Pêcheur Napolitain	2	4			

2e VOLUME

	Actes	Person-nages		Actes	Person-nages
Les Petits Peureux	1	3	Voyage des Petits Chinois	3	6
Les Petits Savoyards	3	6	Les Surprises de Noël	2	7
Page et Bouquetière	3	5	Le Petit Fermier	2	7
Monsieur l'Hiver	1	3	Le Présent du Pauvre	2	5
L'Enfant Prodigue	3	9	Le Petit Mousse breton	3	4
Le Plus beau Pays	1	6	La Veille de Saint-Nicolas	1	4
Blanc et Noir	1	6	Les Petits Métiers des Rues	3	7
Ombrelle et Parapluie	1	3	La Cigale et la Fourmi	1	2
Dans les Pyrénées	1	9	Un Voyage au Tyrol	2	5
La Corbeille de Fraises	1	3	Vieille et Jeune Année	1	5

En préparation :

	Actes	Person-nages		Actes	Person-nages
Les Étrennes de mon Parrain	3	6	En Alsace	2	7
La Sorcière du Village	1	5	Les Musiciens ambulants	1	6
Le Petit Vieux	2	6	Bertrand et Raton	1	3
Les Cerises du Voisin	2	5	Le Chasseur et la Colombe	1	4
L'Œuf de Pâques	1	5	Une famille de Souris	3	6
Le Baptême de Blaisot	2	6			

LES CONTES DE FÉES A LA SCÈNE
Saynètes-opérettes avec Airs populaires et Danses anciennes.

La Pantoufle de Cendrillon.	Le Chat Botté.
Le Petit Chaperon rouge.	Le Petit Poucet.
La Belle au Bois dormant.	Peau d'Ane.

Toutes ces pièces sont en quatre actes ; elles comprennent de quatorze à vingt personnages avec nombreuse figuration de Seigneurs, Dames, Pages, Gardes, Paysans, etc.

CHACUNE DE CES SIX OPÉRETTES, PRIX : **UN FRANC**

LA NAISSANCE DE L'ENFANT JÉSUS
Saynète-mystère en quatre actes, avec Noëls et Cantiques ; quinze personnages et figuration.

PRIX : 50 CENTIMES

L'ÉTOILE DE CATHERINE
Saynète historique en quatre actes avec Chants et Danses russes ; treize personnages et figuration.

PRIX : **UN FRANC**

THÉATRE DU JEUNE AGE

LES
Contes de Fées
à la Scène

LE CHAT BOTTÉ | LE PETIT POUCET
LA BELLE AU BOIS DORMANT | PEAU D'ANE
LE PETIT CHAPERON ROUGE | LA PANTOUFLE DE CENDRILLON

PAR

Mme BELLIER (Marie Klecker)

PARIS
PAUL OLLENDORFF, ÉDITEUR
28 *bis*, RUE DE RICHELIEU, 28 *bis*
—
1898
Tous droits de reproduction, de traduction et de représentation réservés
pour tous les pays, y compris la Suède et la Norvège.

Le Chat Botté

PERSONNAGES

PÈRE CARABAS, vieux meunier.
JEANNOT, fils aîné.
YVON, le second.
LUCAS, le troisième, Marquis de Carabas.
CHAT BOTTÉ, serviteur de Lucas.
PREMIER GARÇON MEUNIER.
DEUXIÈME GARÇON MEUNIER.
BRIGITTE, servante du moulin.
DEUXIÈME servante.
NANNETTE.
UN NOTAIRE.

LAMBINUS, petit clerc.
TOINON } marchandes.
SUZON }
UN HÉRAUT D'ARMES.
BENOIT, moissonneur.
FANCHETTE, moissonneuse.
LINOT Ier, roi des Tulipes.
LA PRINCESSE FLORA.
FRIDOLINE, demoiselle d'honneur de la princesse.
UN OFFICIER.

Garçons et filles du moulin ; Marchands et Marchandes du carrefour ; Moissonneurs et Moissonneuses ; Filles d'honneur, Pages, Seigneurs, Dames, Officiers, Gardes, Chasseurs.

―――

SOMMAIRE DES MORCEAUX

N° 1. — Ouverture.
N° 2. — *Ici, sur la colline* (chant du moulin).
N° 3. — *Allons, vieille Nannette* (chanson à boire).
N° 4. — Entr'acte.
N° 5. — *Oh! ma Bretagne.*
N° 6. — *Regardez-moi ce museau-là* (chœur des marchands).
N° 7. — *L'aventure est bien bonne.*
N° 8. — Entr'acte.
N° 9. — *Du pinson, la chanson* (Ronde des Moissonneurs).
N° 10. — *Les chasseurs sont dans la plaine* (chœur des chasseurs).
N° 11. — Entr'acte.
N° 12. — *On dit qu'ici, jadis, la châtelaine* (ballade).
N° 13. — *Chantons la gloire du vainqueur.*
N° 14. — *Royale-Pavane* (air de danse).

INDICATION DES COSTUMES

Le père Carabas : Veste ronde de couleur foncée; culotte courte; bas de laine; grand chapeau de feutre rond; sorte de costume breton.

Jeannot, Yvon, Lucas : Tous les trois costume semblable à celui du père, mais de couleur plus claire et avec veste plus courte.

Marquis de Carabas : Lucas, devenu marquis de Carabas, portera, au second acte, le costume que lui fait donner le roi : costume de chasse vert à parements rouges; tricorne. Au quatrième acte, le marquis de Carabas arrivera pour danser la Royale Pavane en costume de fiancé, habit Louis XIV et culotte courte satin blanc et or, avec canons et rubans; petit tricorne à plume blanche.

Chat Botté : Costume gris, de la forme de ceux des autres garçons meuniers; bottes à entonnoir; sur le dos, une peau de chat; chapeau ridicule avec plume défrisée.

Brigitte et les filles du Moulin : Jupe courte, de couleur voyante; petit justaucorps de velours noir; coiffe bretonne; tablier à bavette.

Nannette : Comme les précédentes, dans des couleurs plus foncées.

Le Notaire : Grande lévite noire; culotte noire; rabat; tricorne; perruque à marteau et lunettes d'or; tabatière à la main.

Lambinus : Costume noir de la forme du précédent, mais d'apparence fripée; manches de lustrine jusqu'au coude; plume d'oie à l'oreille.

Toinon, Suzon, marchandes : Jupes de couleurs; tablier de mousseline à bavette et à rubans; coiffes enrubannées et garnies de dentelle.

Marchands : Habits courts ou blouses bleues; culottes courtes; bas de laine, chapeaux ou bonnets de coton; coiffure en queue de rat.

Le roi Linot : 1° Costume de chasse jaune à parements verts, tricorne, bottes, grand manteau de voyage à plusieurs collets;

2° Costume du 4ᵐᵉ acte, rouge et or, bas de soie, tricorne à plume blanche; manteau royal or et hermine.

La Princesse Flora : 1° Costume de voyage, jupe unie, bleu clair, avec corsage à revers et à longues basques, grand chapeau mousquetaire, feutre gris avec plume blanche ; 2° Costume d'intérieur, robe Louis XIV bleu pâle ; 3° Costume de fiançailles, robe Louis XIV en satin blanc à traîne, perles et plume blanche dans les cheveux.

Fridoline : 1° Costume de voyage rouge, jupe unie, corsage à longues basques et à revers, grand chapeau feutre gris, forme mousquetaire, avec plume rouge ; 2° Costume d'intérieur : robe blanche avec ruban bleu en sautoir.

Filles d'honneur : 1° Costumes semblables au second costume de Fridoline ; 2° Costumes forme Louis XIV, de couleurs variées; plumes dans les cheveux.

Moissonneurs : Culottes courtes, chemises blanches, avec bretelles à la tyrolienne, chapeaux de paille.

Moissonneuses : Jupes de couleur, fichus de mousseline blanche, tabliers de mousseline blanche, chapeaux de paille.

Chasseurs : Costumes de drap vert, forme Louis XIV, tricornes, mousquets sur l'épaule.

Le grand veneur : Comme les précédents, avec une grande canne à pomme d'or, ruban bleu en sautoir.

Seigneurs : Costumes variés, forme Louis XIV ; quelques-uns, en officiers, porteront le ruban bleu de Saint-Louis en sautoir, chapeau de l'époque.

Gardes : Avec casques, cuirasse et hallebarde.

Pages : Costumes bleu pâle, couleur de la princesse Flora; petits toquets à plume.

Tous les acteurs auront les coiffures du temps de Louis XIV. Tous les princes et seigneurs porteront les *canons* et rubans à la mode. (Voir les costumes des pièces de Molière.)

Le Chat Botté

SAYNÈTE-OPÉRETTE EN QUATRE ACTES

PREMIER ACTE

SCÈNE PREMIÈRE

YVON, JEANNOT, LE CHAT BOTTÉ, BRIGITTE, GARÇONS MEUNIERS, SERVANTES ET FILLES DU MOULIN.

La scène représente la cour d'un moulin. Au fond, le moulin. A droite, des sacs de farine empilés ; un âne. A gauche, une table sous une tonnelle. Groupe formé autour de l'âne par les serviteurs et celui d'entre eux qu'on appelle le Chat Botté. Quelques-uns portent des sacs sur l'épaule, les autres sont occupés à charger l'âne. Les deux fils aînés, sur la porte du moulin, regardent ce qui se passe dans la cour. Au lever du rideau, les ailes du moulin tournent et les serviteurs chantent en chœur le premier couplet.)

LES SERVITEURS, en chœur.

(Air : *Compère Guillery.*)

Premier Couplet

Ici, sur la colline,
Voyez ce beau moulin :
   Mathurin
Y fait blanche farine,
Ses serviteurs nombreux
   Sont heureux ;

Quand l'âne docile
Descend à la ville,
 Pour y porter le sac,
Le moulin tourne (bis) et fait tic-tac, } Bis.
 Tic-tac.

PREMIER GARÇON MEUNIER

Deuxième Couplet

Au pays de Bretagne,
Les gars sont travailleurs
 Plus qu'ailleurs;
Partout, dans la campagne,
On chante le refrain
 Plein d'entrain.
Personne ne bâille
Et chacun travaille;
Le petit grain fait crac.
Le moulin tourne (bis) et fait tic-tac, } Bis
 Tic-tac.   en chœur.

BRIGITTE

Troisième Couplet

Et, lorsqu'aux jours de fête,
En joli casaquin
 De nankin,
La fillette s'apprête
Et songe à s'élancer
 Pour danser,
Quel effet magique !
Comme une musique,

En passant sur le bac,
L'écho redit (*bis*) : Tic-tac, tic-tac,
Tic-tac.   } *Bis en chœur.*

UN GARÇON MEUNIER, *se croisant avec le Chat Botté, laisse tomber le sac qu'il porte et se retourne pour reconnaître celui qui l'a poussé.*

Bon ! en voilà un maladroit ! Qui est-ce qui m'a poussé comme ça ? Il ne l'emportera pas en paradis ! Ah ! c'est toi, Chat Botté ! j'aurais dû m'en douter. Quand on n'est plus bon à grand'chose, on devrait au moins ne pas gêner les autres.

LE CHAT BOTTÉ

La belle affaire ! Ne dirait-on pas que je t'ai fait grand dommage ! Ramasse ton sac, tiens ! Tu feras mieux que de tant bavarder.

DEUXIÈME GARÇON MEUNIER

Dis donc, Chat Botté, le bavard, c'est bien toi. Ta langue marche plus souvent que tes bras, au moulin !

BRIGITTE

Et que tes jambes aussi ! Tu n'es pas seulement capable de faire danser les filles, le jour de la fête.

PREMIER GARÇON

Ni même de porter un sac ! Pendant que les autres se remuent, tu restes assis devant je ne sais quel grimoire.

LE CHAT BOTTÉ, l'interrompant.

Ah ça! qu'est-ce que je vous ai donc fait, à vous autres? Ne dirait-on pas, vraiment, que j'ai pris votre place sous le soleil? Et qui est-ce qui tiendrait les écritures et les comptes du père Carabas, si je n'étais pas là?

PREMIER GARÇON

Bah! bah! c'est un travail de fainéant, ça. Tu as pris au moulin une place que d'autres rempliraient mieux que toi. Tu aurais aussi bien fait de rester au fond de ta Gascogne!

DEUXIÈME GARÇON

Oui, c'est pitié de voir ces étrangers arriver de tous pays pour remplir les fermes et les moulins de notre Bretagne. Cela nous coupe les ailes à nous! Sans toi, mon frère serait déjà ici, et je te demande s'il n'abattrait pas d'autre besogne que toi. Ah! si le père Carabas était mort, je crois que tu ne ferais pas de vieux os ici!

DEUXIÈME SERVANTE, à Brigitte.

Quel drôle de nom, Chat Botté! Mais pourquoi l'appelle-t-on ainsi?

BRIGITTE, riant.

Oh! c'est nous qui l'avons baptisé de la sorte.

D'abord, comme tu peux le voir, il a la manie de mettre des bottes, et puis, un jour, tu n'étais pas encore au moulin, je crois, nous l'avions un peu taquiné, il s'est mis en fureur et nous a roulé de vrais yeux de chat en disant : « Gare ! si je vous griffe ! » Quelqu'un a crié ! « Mais c'est un vrai chat ! » Un autre a dit : « Avec des bottes ! » Alors nous lui avons tous chanté en chœur : « C'est le Chat Botté ! C'est le Chat Botté ! » Ma foi ! depuis, ce nom lui est resté.

PREMIER GARÇON

Brigitte a bonne mémoire, tiens, vois-tu, toi, la nouvelle, nous chantions comme ça en rond autour de lui, accompagnez-moi, vous autres.

(Ils entourent le Chat Botté et crient : *Chat Botté ! Chat Botté !*)

LE CHAT BOTTÉ, menaçant, furieux.

Attendez ! lâches ! misérables !

SCÈNE II

LES MÊMES, LUCAS

LUCAS, entrant par une porte de la cour, s'arrête devant
la scène qui se passe sous ses yeux.

Ces scènes ridicules ne finiront donc jamais ? N'avez-vous pas honte, tous, tant que vous êtes, de maltraiter ainsi le meilleur serviteur du moulin. Viens ici, Chat Botté, ne leur réponds pas.

UN GARÇON MEUNIER, à ses camarades.

Silence! voilà notre maître, le meunier Carabas, qui s'approche.

SCÈNE III

LES MÊMES, LE PÈRE CARABAS, NANNETTE

LE PÈRE CARABAS

Eh bien! eh bien! les enfants, qu'est-ce qui se passe? Est-ce qu'on se disputerait par ici? Amusez-vous plutôt, pendant que vous êtes jeunes. C'est si beau, la jeunesse! Moi, je suis vieux et malade. (Montrant d'un geste tout ce qui l'entoure.) Bientôt, hélas! il faudra quitter tout cela! Tous les jours, je sens mes forces qui s'en vont.

UN GARÇON

Oh! maître, vous êtes encore plus fort que bien des jeunes!

LUCAS

Il a raison, mon père, pourquoi ces idées tristes?

LE PÈRE CARABAS

Je sais ce que je dis. Laissez-moi finir, cela ne fait pas mourir de parler de ces choses. J'ai pris toutes mes dispositions pour partager mon héritage entre mes trois fils, et, comme jusqu'ici tout s'est fait en famille dans le moulin, j'ai fait appeler le notaire pour lui faire écrire mes dernières volontés devant mes serviteurs réunis. Et maintenant, de la gaieté, mes enfants! Le vieux meunier aime qu'on rie et qu'on chante. En attendant l'arrivée du notaire, il faut vous divertir, c'est le moment, car vous avez bien travaillé et la journée est finie! Nannette, qu'on apporte ici le cidre et la galette!

(Une vieille servante sort du moulin portant une grande galette. Deux garçons suivent portant les pots de cidre. Pendant ce temps les garçons et les filles se grouperont autour de la table. Les trois fils du meunier entourent leur père placé dans un fauteuil. A l'apparition de Nannette, le chœur commencera.)

CHŒUR DES MEUNIERS ET MEUNIÈRES

(Air : *A boire, à boire.*)

Allons, vieille Nannette,
Mettez nappe proprette,
Et puis, sans faire de jaloux,
Versez votre cidre bien doux.

UN GARÇON

Garçons, prenons la clarinette!
Accompagnons la chansonnette!
Ah! Ah! Ah! Ah! Ah! Ah! Ah! Ah!

Chœur

Allons, vieille Nannette,
Mettez nappe proprette,
Et puis, sans faire de jaloux,
Versez votre cidre bien doux.

Bis.

UNE FILLE

Et nous aurons simple toilette,
Pour aller danser sur l'herbette.
Ah! Ah! Ah! Ah! Ah! Ah! Ah! Ah!

Chœur

Passez-nous la galette,
Qu'on tende son assiette.
A tous, ici, jeunes et vieux,
Le cidre rend le cœur joyeux.

Bis.

UN GARÇON, s'avançant vers le vieux meunier.

Maître, nous buvons à votre santé, à la prospérité du moulin. Rendez-nous raison !

LE PÈRE CARABAS, trempant ses lèvres dans le verre qu'on lui tend et qu'il remet à Lucas.

Merci, mes enfants, merci ! Je bois à votre bonheur et à votre avenir ! Nannette, apportez donc la galette, et faites-la circuler à la ronde. A quoi pensez-vous, ma pauvre vieille ? Vous êtes toute *chose !*

NANNETTE

Ah ! not'maître, c'est ce notaire qui doit venir qui me trouble l'esprit.

LE PÈRE CARABAS

Bon ! Bon ! il fera son affaire sans que ça vous gêne, ma fille. En attendant, faites la vôtre.

(Nannette distribue la galette.)

BRIGITTE, l'air épouvanté.

Chut ! chut ! quel est ce monsieur tout noir qui s'avance, là-bas ?

UN GARÇON

Eh bien ! c'est le notaire, pardi ! Ça vous en fait-il, de l'émotion, la Brigitte, vous n'avez plus de couleur aux joues !

LE PÈRE CARABAS

Jeannot, Lucas, vite une table et un fauteuil pour Monsieur le Notaire.

(On s'empresse d'installer une petite table sur le côté opposé à la tonnelle. Lucas et Jeannot vont chercher un fauteuil qu'ils apportent.)

SCÈNE IV

LES MÊMES, LE NOTAIRE, LAMBINUS, tenant un rouleau de paperasses.

LE NOTAIRE, l'air important, regardant à droite et à gauche.

C'est bien ici la cour du moulin de Carabas, voici les

garçons et les filles du meunier de céans, et voici, si je ne me trompe, mon client, le sieur Mathurin Carabas, en personne ! Bonjour, père Carabas.

LE PÈRE CARABAS, se levant.

Bonjour, maitre Bridaine, bonjour ! Je vois que vous êtes exact.

LE NOTAIRE

Et moi, je vous trouve toujours ingambe. Que me parliez-vous de mourir, l'autre jour ? Êtes-vous toujours disposé pour le testament ?

LE PÈRE CARABAS

Toujours, maitre Bridaine, toujours.

LE NOTAIRE

C'est bien. Où sont vos fils ?

LE PÈRE CARABAS

Les voici tous les trois : Jeannot, l'aîné ; Yvon, le second, et Lucas, le plus jeune.

(Les trois fils s'inclinent.)

JEANNOT, montrant le fauteuil et la table.

Voici un fauteuil, maitre Bridaine !

LE NOTAIRE

Bon !

(Il s'assied sur le fauteuil ; il ôte et remet son chapeau, il se mouche, essuie ses lunettes, il tousse et se lève. Chacun fait cercle autour de lui. Les trois fils se placent devant la table. Le vieux meunier fait avancer son fauteuil à côté de celui du notaire.)

Que chacun reste à sa place et garde le silence, comme il convient dans un moment aussi solennel ! Vous, maître clerc, faites-moi passer les dossiers. (Au père Carabas.) J'attends les ordres de mon client, le sieur Mathurin Carabas.

LE PÈRE CARABAS

Écrivez, maître Bridaine ! (Il dicte) « Moi, Mathurin Carabas, meunier du moulin dit *de Carabas*, je déclare que ceci est mon testament. Je laisse à mon fils aîné, Jeannot, ainsi que le veut la loi, *le moulin* et toutes ses dépendances. Je lègue à mon second fils, Yvon *l'âne* du moulin. Quant à Lucas, le plus jeune, puisque la loi que je respecte n'a rien prévu pour lui, je lui laisse, comme compagnon dans la vie, mon brave serviteur, que je lui recommande et que nous appelons tous ici le *Chat Botté.* »

Le fils aîné redresse la tête avec triomphe, le second lui parle tout bas. Le troisième a l'air consterné et baisse la tête.)

LE NOTAIRE, se retournant.

C'est tout ?

LE PÈRE CARABAS

C'est tout.

LE NOTAIRE

Vous n'avez plus qu'à signer ?

LE PÈRE CARABAS, riant.

Oh ! Oh ! vous oubliez que j'ai plus de quatre-vingts ans. De mon temps, les enfants n'apprenaient point à écrire.

LE NOTAIRE

Mettez une croix, alors ! (Il passe le papier au meunier.) Là ! elle est d'une belle taille. (Il écrit.) Mettons la date : « Fait ce jourd'hui, le premier du mois de Mai, l'an de grâce mille sept cent soixante-quatorze. » Voilà qui est en règle. (Il se lève pour partir.)

LE PÈRE CARABAS

Maître Bridaine, vous ne partirez pas ainsi. Je vous invite à partager notre souper, ce soir. J'ai commandé à Nannette un fricot soigné en votre honneur, et...

LE NOTAIRE

Merci, père Carabas, j'accepte avec plaisir, car, pour être notaire, on n'en est pas moins... sensible à tous les bons fricots... Je reste donc. Quant à mon clerc Lambinus...

LE PÈRE CARABAS

Oh ! il y a place pour lui ! Une assiette de plus ou de moins !...

LE NOTAIRE

Vous entendez, Lambinus, vous resterez... (Avec emphase.) Sachez apprécier l'honneur et le profit que vous vaut, chez moi, votre emploi de clerc.

(Le clerc se courbe en deux.)

LE PÈRE CARABAS

La rosée du soir va venir, gare mes rhumatismes! Rentrons dans la grande salle du moulin. Je ne vois plus Nannette, elle a dû aller mettre le couvert. Vous, les enfants, continuez à vous distraire encore quelques instants, et puis vous viendrez nous rejoindre. Tâchez de demeurer d'accord et qu'on ne discute pas les dernières volontés du vieux meunier. A tout à l'heure!

(Il rentre au moulin avec le notaire et le clerc.)

SCÈNE V

JEANNOT, YVON, LUCAS, LE CHAT BOTTÉ, GARÇONS ET FILLES DU MOULIN

(Ces derniers forment des groupes.)

JEANNOT, montrant le moulin.

Ah! enfin! je suis meunier à mon tour!

LES GARÇONS, levant leurs bonnets.

Vive le meunier Jeannot, notre nouveau maître!

BRIGITTE, à part.

C'est égal, je trouve que la loi est bien injuste, tout de même !

DEUXIÈME SERVANTE

Ils croient qu'ils ont tout dit avec leur loi !... Si ça ne fait pas pitié de voir un garçon traité de la sorte ! Tout ça parce qu'il est le dernier. Un beau cadeau, vraiment, qu'il a là, son Chat Botté... Une bouche à nourrir !...

UN GARÇON, aux deux filles.

Allez-vous bien vous taire avec vos jérémiades ! Vous vous ferez renvoyer et voilà tout. Moi, je suis pour ceux qui ont le magot ; les autres, ça ne m'intéresse pas.

YVON, à Jeannot.

Mon frère, puisque j'ai l'âne en partage, j'espère que vous continuerez à l'employer au moulin. Je vous offre ses services et les miens, si cela vous convient ?

JEANNOT, d'un air protecteur.

Oui, oui, tu peux rester, j'y consens ; ton âne nous sera utile.

LUCAS, humblement.

Et moi, Jeannot, pourrai-je aussi rester au moulin ?

JEANNOT

Oui, si tu veux travailler, car la besogne ne manque pas ici. Mais à la condition que tu renvoies à l'instant ton affreux Chat Botté, qui est la risée de tout le monde et qui n'est bon à rien.

LUCAS, suppliant.

Oh! y penses-tu, Jeannot? C'est l'héritage que m'a laissé notre père; ses volontés doivent être respectées!...

JEANNOT, ricanant.

L'héritage! Oui, il est joli. Je crois que le père s'est moqué de toi. (Brusquement.) Tu ne veux pas faire ce que je te dis? Alors, va-t'en avec ton héritage! Aussi bien vous n'êtes pas bons à grand'chose, ni l'un, ni l'autre !

LUCAS, indigné.

Oh! il me chasse!

(Il pleure et baisse la tête. Il va sur un des côtés du théâtre. Le Chat Botté se rapproche de lui et le console tout bas, puis il sort.)

JEANNOT, aux serviteurs.

Un dernier refrain, les amis! Je veux que cette journée finisse gaiement, et puis nous irons prendre place au souper.

(Il se place à l'entrée du moulin, les serviteurs l'entourent. Yvon se tient un peu écarté avec son âne. — Lucas et le Chat Botté, qui vient de revenir avec un paquet noué au bout d'un bâton, se placent sur un des côtés de la scène.)

LE CHAT BOTTÉ

Mon maître, ne vous désolez pas. Suivez-moi plutôt et laissez-les, laissez vos frères, ces ingrats! Leur mauvais cœur ne leur portera pas bonheur.

LUCAS

Oui, tu as raison, partons. Pour ne pas attrister mon père, je m'en irai sans le revoir et sans lui demander sa bénédiction. Il m'accusera d'ingratitude, peut-être...

LE CHAT BOTTÉ

Vous lui donnerez de vos nouvelles plus tard; venez donc.

LUCAS

Mais où irons-nous?

LE CHAT BOTTÉ

Maître, ayez confiance en moi; le Chat Botté vous conduira à la fortune et à la gloire!

(Ils disparaissent et Lucas fait un geste d'adieu au moulin.)

JEANNOT, YVON ET TOUS LES SERVITEURS,

(Ils chantent pendant que l'aile du moulin tourne.)

Reprise du chœur du Moulin

Ici, sur la colline,
Dans notre beau moulin,
Sans chagrin,
Faisons blanche farine,
Restons toujours joyeux
En ces lieux.
Que l'âne docile
S'en aille à la ville
Pour y porter le sac.
Et répétons (*bis*) : Tic-tac, tic-tac,) *Bis*
Tic-tac.) *en chœur.*

(*La toile se baisse.*)

FIN DU PREMIER ACTE

DEUXIEME ACTE

SCÈNE PREMIÈRE

LUCAS, LE CHAT BOTTÉ, arrivent, l'air fatigué, avec un petit paquet au bout d'un bâton.

(La scène représente une sorte de carrefour, avec une installation pour un marché. Bancs pour les marchandes. Il fera à peine jour.)

LUCAS

Que je suis triste et fatigué! Tu avais beau dire, Chat Botté, la fortune ne nous sourit guère jusqu'à présent!

(Il s'assied sur une pierre.)

LE CHAT BOTTÉ, devant lui.

Allons, ne vous découragez pas. Moi, au contraire, je crois que la fortune est tout près de nous. Dans mon pays, voyez-vous, on ne désespère jamais. Eh bien! vous ne m'écoutez pas. A quoi songez-vous donc?

LUCAS, rêveur, se met à chanter.

(Air : *Fleuve du Tage*.)

Premier Couplet

Oh! ma Bretagne,
Ton charmant souvenir,
Qui m'accompagne,
Hélas! me fait gémir.
Au moulin de mon père
J'étais heureux naguère.
Oh! mes beaux jours,
Je vous pleure toujours!

Deuxième Couplet

Plus d'espérance,
Pour moi plus d'avenir,
Par la souffrance,
Je sens mon front pâlir.
Au moulin de mon père
J'étais heureux naguère.
Adieu, toujours
Je pleure mes beaux jours!

Refrain en chœur

LE CHAT BOTTÉ	LUCAS
Jadis, chez votre père,	Au moulin de mon père
C'était un temps prospère!	J'étais heureux naguère.
Mais pour toujours	Adieu, toujours
Reviendront les beaux jours!	Je pleure mes beaux jours!

SCÈNE II

LES MÊMES, TOINON, SUZON, MARCHANDS, MARCHANDES

(Marchands et marchandes arrivent avec des hottes sur le dos, des brouettes dans lesquelles ils porteront leur marchandise. Les uns étaleront des fleurs, les autres des fruits, du gibier : lièvres, canards sauvages, alouettes, etc., etc.; d'autres du beurre, des fromages, etc., etc. Tout ce monde débouche sur la scène pendant le dernier refrain.)

SUZON, se rapprochant, elle tient un pot de fleurs.

Chut! écoutez!

TOINON, marchande de gibier, se retournant.

Oh! mais, dites donc, qu'est-ce que j'aperçois là? Deux hommes qui chantent. Les drôles de figures! Approchons-nous un peu.

(Les marchands hésitent et ouvrent leurs boutiques.)

TOUS LES MARCHANDS, s'interpellant.

Bonjour, les amis! Bonjour, Toinon! La vente marchera-t-elle aujourd'hui?

LE CHAT BOTTÉ, à part, à son maître, montrant les étalages.

Tiens, mais on dirait un marché! Ah! mais voilà une heureuse aventure. Regardez donc! Quelle aubaine pour des estomacs creux!

LUCAS, à part.

Comment! est-ce que tu prétendrais acheter quelque chose ici? Et avec quel argent?

LE CHAT BOTTÉ

Vous verrez, laissez-moi faire! un peu d'audace! Cela réussit toujours. (A Toinon.) Combien ce lièvre, marchande? (D'un air dédaigneux.) Il est de petite taille, mais n'importe, je le prends. (A une autre.) Et vous, qu'est-ce que vous avez? Des fruits! Bon, je choisis ces poires. ces pêches. Là! (A une autre.) Ici, voyons, qu'est-ce que je vais choisir encore?

(Les marchandes se regardent effarées.)

SUZON, très décidée.

Halte-là, mon beau muscadin, et l'argent pour payer tout ça?

LE CHAT BOTTÉ

L'argent? On vous paiera, morbleu! Est-ce qu'on ne vous fait pas un grand honneur de prendre votre marchandise?

TOINON, les poings sur la hanche.

Oui-dà, un bel honneur, des aventuriers comme ça! Croyez-vous qu'on va vous faire crédit sur votre bonne mine? J'aurais plutôt envie d'appeler un agent de M. le lieutenant de police pour vous faire coffrer.

SUZON, poussant.

Ne soyez pas si dure, ma chère. Regardez donc l'autre, est-ce qu'il ne fait pas pitié?

(Elle montre Lucas qui reste assis et baisse la tête.)

TOINON

Laissez donc. ce sont deux filous, et rien que ça! Moi, je veux dire son compte à celui qui a osé s'attaquer à mon gibier. (Elle chante.)

(Air : *Ah ! c'cadet-là!*)

Premier Couplet

Regardez-moi ce museau-là,
 La drôle de figure!
Les vilaines gens que voilà!
 Que veut dire cela?

Chœur

Que veulent donc ces brigands-là,
 Ces coureurs d'aventure?
Qui nous narguent comme cela,
 Mettons-y le holà!
 Tra la la la la la la la
 Tra la la la la la la la

UN MARCHAND

Pour le pays, c'est, je l'assure,
Présage de mauvais augure.

UNE MARCHANDE

C'est du nouveau, de l'imprévu,
Cela ne s'était jamais vu.

Chœur

Que veulent donc ces brigands-là,
Ces coureurs d'aventure ?
Qui nous narguent comme cela,
Mettons-y le holà !
Tra la la la la la la la
Tra la la la la la la la

SCÈNE III

LES MÊMES, UN HÉRAUT D'ARMES, TAMBOUR ET PEUPLE

LE HÉRAUT D'ARMES, *précédé d'un tambour qui exécutera un roulement.*

Holà ! bonnes gens, faites silence. On se croirait au champ de foire, ici !

TOINON

Écoutons ! Écoutons ! C'est un officier de la maison du roi.

LE CHAT BOTTÉ, à part.

J'écoute des deux oreilles, moi ! Il sortira peut-être de là quelque bonne chance pour mon maître et pour moi !

LE HÉRAUT D'ARMES, lisant.

Sa Majesté Linot premier, roi des Tulipes, fait savoir ce qui suit à ses sujets : « Un lion terrible dévaste depuis longtemps une partie de notre beau royaume. Désirant à tout prix être débarrassée de ce fléau, demain, au lever de l'aurore, Notre Majesté en personne, suivie des seigneurs de sa cour, se rendra dans la province des Églantines, où la présence de cette bête est signalée. Nous invitons nos sujets à se joindre au cortège, avec leurs armes, et nous promettons à quiconque l'exterminera la main de notre fille bien-aimée, la princesse Flora. La présente ordonnance sera lue dans les villes et villages, sur les places, marchés et carrefours de notre royaume. » Bonnes gens, vous avez entendu? Que chacun de vous se le dise !

LE CHAT BOTTÉ, levant son chapeau.

Hurra! (Se tournant.) Mon maître, ne désespérez plus, voici la gloire qui vient à nous, et la fortune sera au bout. (Au héraut d'armes.) Vous pouvez annoncer à Sa Majesté Linot premier, roi des Tulipes, qu'avant peu il sera délivré du grand souci qui le tourmente. Le fameux lion disparaîtra par la puissance de mon maître (Il désigne Lucas, qui se redresse.), le grand marquis de Carabas! (Le héraut d'armes s'incline jusqu'à terre.) Allez, et en même temps, portez au roi les présents que voici.

(Il enlève à chaque marchande les plus beaux de ses produits : gibier, fruits et fleurs, et les remet au héraut d'armes.)

LE HÉRAUT D'ARMES

Et si le roi demande d'où viennent ces présents ?

LE CHAT BOTTÉ

Vous répondrez : « C'est l'illustre marquis de Carabas qui vous les envoie ! »

(Le héraut d'armes salue et sort.)

LES MARCHANDS entourent Lucas en saluant bien bas.

Monsieur le Marquis, pardonnez-nous !

SUZON

Je ne sais pourquoi, mais celui-là m'inspirait confiance ! (A Lucas.) Mes plus belles fleurs sont à vous, Monsieur le Marquis !

TOINON

A vous, mes canards sauvages et mes lapins de garenne !

UNE MARCHANDE

Laissez-moi, Monsieur le Marquis, vous garnir une corbeille de mes plus belles pêches.

LUCAS, inquiet.

Mais, mes amis, c'est trop ! Je ne saurais qu'en faire, et puis... je craindrais de ne pouvoir régler... du moins... de suite.

LE CHAT BOTTÉ, l'interrompant, et d'un ton moqueur.

Monsieur le Marquis ! acceptez donc ! ces braves gens sont trop heureux, en vérité !

(గిస్సant.)

2.

(Air : *La Gasconne, des Visitandines.*)

Premier Couplet

L'aventure est bien bonne,
Et j'en ris de grand cœur.

LES MARCHANDS, au marquis.

Que votre âme pardonne
Notre profonde erreur !

LE CHAT BOTTÉ

Prenez, marquis, ce qu'on vous donne,
Car pour eux, c'est beaucoup d'honneur.

LES MARCHANDS

Oh ! oui, prenez ce qu'on vous donne,
Vous nous faites beaucoup d'honneur.

TOINON, s'avançant.

Monsieur le Marquis, quand vous verrez le roi, promettez-moi de lui parler pour mon frère qui est au régiment. Il n'avance pas, et vous savez, les protections, ça fait beaucoup !

LUCAS, regardant le Chat Botté.

Ah ! ma brave femme... (Hésitant.) Bien volontiers !

LE CHAT BOTTÉ

(A part.) On promet toujours ! (A Toinon et aux autres, avec emphase.) Oui, oui, vous pouvez compter sur nous !... sur Monsieur le Marquis de Carabas, je veux dire. — Avant peu, soyez-en sûrs, grâce à lui, vous deviendrez tous fournisseurs de Sa Majesté ! (A Lucas.) Et maintenant, mon maître, partons ! Il s'agit d'arriver à détruire ce lion terrible, comme vous vous y êtes engagé tout à l'heure ! Mais ceci n'est rien ! (Avec assurance.) Nous avons vu bien d'autres aventures !... Et puis il faut surtout nous trouver au rendez-vous que nous a donné Sa Majesté Linot premier, roi des Tulipes !

LUCAS, étonné.

Rendez-vous ! Quel rendez-vous ?

LE CHAT BOTTÉ

Ah ! mon maître, on voit bien que la fatigue vous enlève la mémoire ! Vous avez donc oublié ce que vient d'annoncer le héraut d'armes ? Le roi et une partie de sa cour doivent traverser la campagne à quelque distance de cette ville. C'est un rendez-vous de chasse auquel sont invités surtout les plus nobles seigneurs du royaume. Le marquis de Carabas y figure naturellement un des premiers ! (D'un air protecteur.) Au revoir, bonnes gens ! Nous nous souviendrons de votre générosité !

(Chantant et montrant Lucas.)

Deuxième Couplet

Mes amis, l'heure sonne,
On attend le vainqueur.

LES MARCHANDS, *reconduisant le Chat Botté.*

Ah ! n'oubliez personne,
Dans la gloire et l'honneur.

LE CHAT BOTTÉ

Allez, mon maître vous pardonne,
Il vous rend toute sa faveur.

LES MARCHANDS, *au marquis.*

Et si le sort nous abandonne,
Oh ! vous serez notre sauveur.

Tous les marchands accompagnent en chantant et en saluant Lucas
et le Chat Botté qui s'éloignent.)

(*La toile se baisse.*)

FIN DU DEUXIÈME ACTE

TROISIÈME ACTE

SCÈNE PREMIÈRE

FANCHETTE, BENOIT, MOISSONNEURS ET MOISSONNEUSES

(La scène représente des prairies et des champs traversés par une route assez large conduisant à la lisière d'une forêt, qu'on apercevra dans le lointain. A gauche, à l'extrémité du champ, on verra une rivière. Au lever du rideau, les moissonneurs et les moissonneuses seront occupés dans les champs : les uns faucheront, les autres feront des gerbes.)

UN MOISSONNEUR, s'essuyant le front.

Oh! le soleil commence à chauffer par ici!

FANCHETTE

Eh! oui. Et puis nous sommes au travail depuis quatre heures du matin : c'est aussi ça qui donne chaud!

BENOIT

Et soif donc? Fanchette, si vous faisiez faire un tour au cruchon?

FANCHETTE

Vous avez déjà oublié que c'est vous qui l'avez vidé, ami Benoît?

UN MOISSONNEUR

C'est égal, posons nos faucilles un moment. J'ai envie de causer un brin. Dites donc, est-ce que vous avez entendu parler de l'histoire qui occupe tout le pays à la ronde?

(Les moissonneurs et les moissonneuses laissent leurs gerbes et leurs faucilles et se rapprochent.)

FANCHETTE

Si nous nous asseyions pour jaser? (Elle s'assied sur une gerbe, les autres l'imitent et se placent en rond.) Eh bien! Benoît, vous qui savez tout, contez-nous l'histoire?

BENOÎT

Allons, ne faites pas l'innocente, Fanchette, vous la savez tout comme moi. Il y a assez longtemps qu'on parle de ça, chez nous, à la veillée. C'est toujours la même chose : un terrible lion qui apparaît, qui disparaît, qui épouvante les bûcherons dans la forêt.

UNE MOISSONNEUSE

Ils l'ont vu, alors?

UN MOISSONNEUR

Ah! mais oui! qu'ils l'ont vu!

FANCHETTE

Dans cette forêt qu'on aperçoit là-bas?

BENOÎT

Mais certainement, dans celle-là même, et le château qu'il habite est tout au bout, je crois !... Je n'y suis jamais allé...

UNE MOISSONNEUSE

Un château! Est-ce que les bêtes habitent des châteaux ?

UN MOISSONNEUR

Oh! moi, j'ai entendu dire que ce lion-là n'est pas un lion ordinaire. On raconte que c'est un ogre et qu'il peut se changer en ce qui lui plaît : en tigre, en ours, en homme; oui, en homme! Par exemple, quand il prend la figure d'un homme, vous comprenez qu'il aime mieux habiter un château qu'une forêt.

UNE MOISSONNEUSE

Et vous croyez ça, vous autres?...

FANCHETTE

Dame! puisque tout le monde le dit! C'est effrayant d'y penser! C'est qu'il pourrait bien venir jusqu'ici, ce lion... cet ogre...

BENOÎT

Heureusement que nous sommes là, Fanchette, et s'il se montrait : ogre, lion, ours ou tigre, je vous réponds... (Il montre le poing et le laisse retomber.) Mais assez causé de ces choses. Si nous chantions un refrain pour nous remettre le cœur à l'ouvrage.

LES MOISSONNEURS, ils se lèvent.

Oui, chantons ! En avant, la ronde du pays !

(Air : *Les Épouseux du Berri*.)

Premier Couplet

FANCHETTE ET LES MOISSONNEUSES

Du pinson
La chanson
Charme ce bocage ;
Accourez, gais moissonneurs,
Faucheurs et faneurs.

BENOÎT ET LES MOISSONNEURS

Le soleil,
Au réveil,
Vous dit : « Bon courage, »
Travailler avec ardeur
Réchauffe le cœur.

Tous en chœur

Ohé! ohé!
Mais la musette résonne,
Fillette, aimable garçon.
Ohé! ohé!
Chacun de nous abandonne
Pour un instant la moisson.
Ah!
Et puis joyeux
Nous reprenons la faucille,
Et, ce soir, en famille,
Nous reviendrons plus heureux!
Ah! ah! ah! ah! ah! ah!
Ce soir, en famille,
Ah! ah! ah! ah! ah! ah! ah!
Nous serons heureux!
La, la, la, la, la! etc.

(Pendant ce couplet, les moissonneurs et les moissonneuses exécuteront quelques pas et une ronde, sorte de bourrée! Ils seront interrompus à la fin du couplet par l'arrivée du Chat Botté.)

SCÈNE II

LES MÊMES, LE CHAT BOTTÉ, apparaissant sur un des côtés.

BENOÎT, avec frayeur.

Ah! mon Dieu!

FANCHETTE

Quoi donc?

BENOÎT

C'est lui ! Là ! Sauvons-nous !

TOUS LES MOISSONNEURS

Sauvons-nous !

LE CHAT BOTTÉ, riant.

Ah ! ah ! il paraît que je vous fais peur, les amis ! Est-ce que par hasard vous me prendriez pour l'ogre terrible qui ravage cette contrée ?

BENOÎT

Eh ! mais... (Bas à ses camarades.) Prenons les faucilles !. (Ils se rapprochent armés de leurs faucilles. Les moissonneuses se placent derrière les moissonneurs.) On n'est jamais bien sûr dans ces temps-ci.

UN MOISSONNEUR, menaçant.

Les figures qu'on ne connaît pas...

FANCHETTE, s'avançant.

Si vous disiez un peu qui vous êtes, d'abord ?

LE CHAT BOTTÉ

Qui je suis ?... (Avec emphase.) Je suis le Chat Botté, écuyer et compagnon du grand marquis de Carabas.

LES MOISSONNEURS, se regardant.

Le marquis de Carabas! Qui ça?

LE CHAT-BOTTÉ

Qui ça, bonnes gens? c'est celui qui doit détruire ce lion, cet ogre qui vous fait trembler!

LES MOISSONNEURS

Ah! bah!

FANCHETTE, à part, aux autres.

Je crois que ce merle-là veut nous en conter!...

LE CHAT BOTTÉ

Dites donc, la fille, vous avez l'air de douter de mes paroles. Eh bien! oui, entendez-le bien, le marquis de Carabas, mon maître, possède un pouvoir magique qui, seul, viendra à bout d'exterminer l'ennemi qu'on redoute. Et la preuve que ce que je vous annonce arrivera, c'est que, tout à l'heure, au milieu de vos champs, vous verrez passer le cortège du roi, les chasseurs et leur suite.

BENOÎT, l'air ahuri.

Le roi! Bon Jésus!

UNE MOISSONNEUSE, joignant les mains.

Et des chasseurs!

FANCHETTE

Et où va donc aller tout ce monde?

LE CHAT BOTTÉ

Au rendez-vous, morbleu!... Vous ne comprenez pas, au rendez-vous que le roi à donné à ses fidèles sujets... Ils vont faire une battue par ici, car cette forêt appartient à la province des Églantines, et c'est là, dit-on, que le terrible lion réside.

UNE MOISSONNEUSE, prenant le bras de Benoît.

Sainte Vierge, que j'ai peur! Si le coup de mousquet d'un chasseur allait tuer l'un de nous autres!

FANCHETTE, au Chat Botté.

Et comment faire, quand le roi passera? Si encore nous avions nos habits du dimanche!....

LE CHAT BOTTÉ

Non, non, rien de tout cela. Ne vous mettez pas en peine. Sa Majesté Linot, roi des Tulipes, est un roi bienveillant et doux. Il sera content de vous voir au travail. Il sait que le petit grain de blé que vous ensemencez, que vous arrosez, que vous venez ensuite recueillir dans une belle moisson comme celle-ci, fait la richesse et le bonheur de son royaume ; donc, il vous aime et vous n'avez rien à craindre de lui. Reprenez vos faucilles et travaillez avec ardeur. Seulement, écoutez bien ce que je vais vous dire : Lorsque le roi et sa suite passeront, si quelqu'un demande le long de la route : « Faucheurs qui fauchez, et moissonneurs qui moissonnez, à qui appartiennent c'est beaux blés et les champs que voilà ? » Si vous ne répondez : « Ces blés et ces champs appartiennent à Monsieur le marquis de Carabas, » *vous serez tous hachés menus comme chair à pâté !...* Tâchez de vous en souvenir ! Si vous m'obéissez et si vous faites ce que je vous ordonnerai lorsque le roi sera là, je vous promets une récompense digne de mon maître, le grand marquis de Carabas. Et maintenant je vous laisse pour aller guetter sur la route l'arrivée du roi. Au revoir. (Il sort.)

BENOÎT

Tout ça m'a l'air bien extraordinaire !... Mais on dirait qu'on entend une musique !... C'est peut-être bien vrai, ce qu'il a dit !... Ma foi !... Nous ne risquons pas grand'chose de faire ce qu'il a recommandé. — J'aime mieux ça que d'être haché comme chair à pâté.

SCÈNE III

LES MÊMES, LUCAS

(Le bruit du cor se fera entendre de loin d'abord et se rapprochera. Pendant ce temps, le Chat Botté et Lucas arriveront en discutant sur un des côtés de la scène. Musique en sourdine pendant tout ce colloque.)

LE CHAT BOTTÉ, avec animation.

Mais il le faut, mon maître!... Il faut absolument que le roi vous connaisse!

LUCAS

Et comment veux-tu, avec ces méchants habits, que je puisse figurer parmi les seigneurs qui suivent la chasse?

LE CHAT BOTTÉ

Eh bien! c'est moi qui vous présenterai à Sa Majesté, et en costume de satin et de velours, encore!...

LUCAS

Tu rêves! mon pauvre Chat Botté, et ton dévouement pour moi ne peut pas faire un miracle!...

LE CHAT BOTTÉ

Laissez-moi faire. Voici mon plan, qui réussira, j'en

suis sûr (Il montre la rivière.) : la rivière est là, tout près ; vous allez vous y jeter pour prendre un bain. Vous aurez, auparavant, caché vos vieux habits sous une pierre. Le roi arrive, s'arrête avec les moissonneurs. A ce moment, j'accours en criant : « Au secours ! Au secours ! c'est mon maître, le marquis de Carabas, qui se noie !... On connaît déjà votre nom par les présents que vous avez envoyés. On s'empresse ; Sa Majesté vous fait porter des vêtements de sa propre garde-robe... Alors, je vous présente, et le marquis de Carabas apparaît dans toute sa splendeur et sa bonne mine ! (Avec prière.) Allons ! mon bon maître, ayez confiance en moi jusqu'au bout !

LUCAS

Allons, je fais tout ce tu veux. (A part.) Brave cœur ! Sans lui, que deviendrais-je ? Oh ! mon père, vous l'aviez bien jugé !

(Il se dirige du côté de la rivière, suivi du Chat Botté. La musique se rapproche. Le cortège s'avancera comme il suit : les chasseurs sonnant du cor ; en tête, le grand veneur, les chasseurs armés de mousquets, gardes et officiers ; quatre pages autour de la chaise à porteurs. Le roi, la princesse et Fridoline seront dans la chaise à porteurs. Gardes, officiers, valets portant, l'un un immense parasol de jardin, l'autre le parapluie du roi ; un troisième le manteau du roi ; un quatrième un sac, etc., etc. Les chasseurs en avant défileront en chantant.)

SCÈNE IV

LES MÊMES, LE ROI, LA PRINCESSE, FRIDOLINE, OFFICIERS, GARDES, ETC.

LES CHASSEURS, en chœur.

(Air : *La Vieille*.)

Premier Couplet

Les chasseurs sont dans la plaine.
Le royal état-major
Poursuit jusqu'en ce domaine
L'ennemi qui fuit encore.
Mais la victoire est certaine.) *Bis.*
En avant le son du cor!)

Deuxième Couplet

De cet ogre fantastique,
Que jamais nul n'a pu voir,
Notre roi tout pacifique
Veut détruire le pouvoir.
On promet sort magnifique) *Bis.*
Au vainqueur avant ce soir.)

(La chaise à porteurs s'arrêtera en face des moissonneurs. Le roi descendra et aidera sa fille à en descendre. Fridoline les suivra.)

LE ROI, il parle bas à sa fille et fait signe à un officier qui s'approche.

Allez donc! allez donc?

L'OFFICIER, s'adressant aux faucheurs.

Faucheurs qui fauchez, Sa Majesté le roi des Tulipes m'envoie vous demander à qui sont les beaux prés que voilà?

BENOÎT ET LES FAUCHEURS, ensemble.

Les prés que voilà sont à notre maître, Monsieur le marquis de Carabas!

LE ROI, à sa fille.

Oh! mais ce marquis est donc fort riche! Moissonneurs qui moissonnez, dites-nous donc à qui sont les champs magnifiques qui couvrent toute cette plaine?

FANCHETTE ET LES MOISSONNEUSES, ensemble.

Ces champs magnifiques sont à notre maître, Monsieur le marquis de Carabas!

LE ROI, à sa fille.

Décidément, le marquis de Carabas est un puissant personnage!

FRIDOLINE, à la princesse.

Oui, mais c'est un personnage invisible jusqu'à présent.

LE ROI

Comment se fait-il que, depuis quelque temps, j'entende sans cesse prononcer le nom du marquis de Carabas, et que personne ne le connaisse à la cour?

LA PRINCESSE

Oh! mon père, je suis sûre qu'il doit être très aimable! Vous n'avez pas oublié les jolies fleurs qu'il vous a envoyées!... Ces fruits magnifiques!..

LE ROI

Les pêches étaient d'une saveur!... J'en ai encore le goût! Et ces lapins de garenne, donc! Mon grand chambellan s'en est donné une telle indigestion que les affaires en ont été interrompues... Mais qu'est-ce?...

SCÈNE V

LES MÊMES, LE CHAT BOTTÉ

LE CHAT BOTTÉ, accourant effaré.

Au secours! Au secours! Mon maître, Monsieur le marquis de Carabas, se noie!

LE ROI

Comment? Que dit-on? Monsieur le marquis de Carabas se noie! Officiers! Gardes! courez!

(Le Chat Botté et les gardes s'élancent du côté de la rivière.)

LA PRINCESSE, tremblante.

Oh! mon père! quel malheur! Le pauvre marquis!

FRIDOLINE

Asseyez-vous, princesse, vous êtes toute tremblante!

LE CHAT BOTTÉ, accourant suivi d'un garde.

Sauvé! Sauvé! Il est sauvé! Mais il ne sait comment se présenter ici, car ses habits, qu'il avait laissés sur le bord de la rivière, pour se baigner, ont dû être enlevés par des voleurs. On ne les retrouve plus.

LE ROI, avec empressement.

Oh! vite, qu'on ouvre le grand coffre de voyage, et qu'on prenne un de nos costumes, le plus beau, pour en revêtir Monsieur le marquis de Carabas. (Deux valets s'empressent d'obéir, cherchent dans les bagages du roi, et reviennent avec un vêtement complet.) Allez et dites au marquis de Carabas que nous l'attendons ici. La chasse aura été interrompue quelques instants par cette aventure, mais nous aurons ensuite le plaisir d'emmener avec nous celui que je tiens d'avance pour un brillant chasseur. Il nous aidera, j'en suis certain, à venir à bout du terrible ennemi qui épouvante ce pays.

LES CHASSEURS
reprendront le chœur pendant que le marquis de Carabas s'habille.

De cet ogre fantastique, etc., etc.

SCÈNE VI

LES MÊMES, LE MARQUIS DE CARABAS

LE CHAT BOTTÉ, suivi du marquis de Carabas et des gardes.

(Au marquis, à part.) Courage! il s'agit d'être le marquis de Carabas pour de bon!

(Il se place humblement derrière son maître.)

LE MARQUIS DE CARABAS, saluant.

Sire, pardonnez-moi l'embarras que vous a donné mon malheureux accident, et permettez-moi de vous présenter les très humbles hommages de l'un de vos plus fidèles sujets.

FRIDOLINE, bas à la princesse.

Il est charmant?

LE ROI

Pour l'accident, n'en parlons plus, puisque vous voilà sain et sauf, marquis! Mais, de grâce, laissez-moi vous dire tout le bien que je pense de votre personne. On s'occupe de vous quelquefois à la cour; cependant on ajoute que vous êtes d'humeur sauvage et qu'on ne vous y voit jamais. (Il fait une pause.) Nous sommes ici sur votre domaine? Cette plaine immense, ces blés, ces champs sont superbes!

LE MARQUIS, à part.

C'est singulier comme un beau costume donne de l'aplomb! (Au roi.) On est en pleine moisson, comme vous le voyez, sire! Mais le passage de Votre Majesté au milieu de nos terres sera un souvenir mémorable pour ces braves gens et pour moi. Daignez, sire, ainsi que vous, madame la princesse, vous reposer parmi nous, et accepter quelques rafraîchissements. Oh! simplement les fruits des vergers qui font suite à ces champs, pendant qu'en votre honneur moissonneurs et moissonneuses vont danser la ronde traditionnelle.

LE ROI

Mais c'est délicieux, ce que vous proposez là, marquis! Qu'en dites-vous, ma fille?

LA PRINCESSE, timidement.

Oh! Monsieur le Marquis est d'une amabilité!

FRIDOLINE, bas à la princesse.

Princesse, il est adorable!

LE MARQUIS

Sire, pendant que vos serviteurs vont vous abriter des rayons du soleil, je vais donner mes ordres à tous ces travailleurs.

(Les valets ouvriront le grand parasol et dresseront les pliants. Le roi et sa fille s'installent. Fridoline s'assied aux pieds de la princesse. Les chasseurs et les gardes se groupent tout autour.)

LE CHAT BOTTÉ, aux moissonneurs.

Vous n'avez qu'à continuer ce que vous chantiez et ce que vous dansiez il y a quelques instants. Allons, commencez !

(Les moissonneurs quittent leurs faucilles et se placent pour danser. Le marquis de Carabas présente au roi et à sa fille les fruits dans des corbeilles. Il est aidé par les pages.)

Deuxième Couplet

BENOÎT ET LES MOISSONNEURS

La gaîté,
Tout l'été,
Remplit la campagne.
De la colline au château,
C'est le renouveau.

FANCHETTE ET LES MOISSONNEUSES

L'agnelet,
Plus follet,
Gravit la montagne,
Tout, jusqu'au petit frelon,
Bourdonne au vallon.

Chœur

Ohé ! ohé !
Mais, lorsque le jour s'avance,
Tous les échos d'alentour
Ohé ! ohé !
Répètent cette cadence,
Et nous disons tour à tour :
Ah !
Amis joyeux,
Reprenons notre faucille,
Et, ce soir, en famille,
Nous reviendrons plus heureux !
Ah ! ah ! ah ! ah ! ah ! ah ! ah !
Ce soir, en famille,
Ah ! ah ! ah ! ah ! ah ! ah ! ah ! ah !
Nous serons heureux !
La, la, la, la, la, la, etc.

(Pendant le chant et la danse, le marquis de Carabas se tient debout derrière la princesse, le chapeau à la main, et cause avec elle. A la dernière figure, les moissonneurs et les moissonneuses, une fleur des champs à la main, l'offriront à la princesse en saluant, puis iront reprendre leurs travaux après avoir défilé.

LE ROI

Recevez nos compliments et nos remerciements, Monsieur le Marquis ! voilà une fête champêtre improvisée ravissante. Je ne m'attendais guère, en venant ici, à un tel spectacle ! A mon tour, je vais vous demander une faveur : celle de vous joindre à nos chasseurs, afin de poursuivre avec nous ce lion dont vous avez sans doute entendu parler et qui est la terreur de cette partie de mon royaume. Et, puisque nous sommes sur vos terres, je vous prierai de nous guider dans cette expédition. Vous n'ignorez pas, sans doute, le prix que j'ai promis au vainqueur ?

LE MARQUIS

Sire, je sais que la main de la princesse sera la récompense de cet heureux mortel. Mais je n'ose aspirer à un tel honneur. Je...

LE ROI

C'est bon ! nous reparlerons de tout cela. Partons ! Monsieur le Marquis, vous allez monter ici (Il montre la chaise à porteurs.) avec nous jusqu'à l'entrée de la forêt et puis ensuite nous laisserons le champ libre à votre valeur. Chasseurs, en avant !... (Aux moissonneurs.) Adieu, braves gens !

(Le cortège se reforme.)

LE CHAT BOTTÉ, à part, revenant sur un des côtés de la scène.

Et moi je vais, par un chemin de traverse, tâcher de rejoindre mon maître. Il faut, à tout prix, qu'il soit le héros de cette journée. Allez ! méchants frères du moulin, nous aurons notre revanche.

LES MOISSONNEURS, saluent le départ du roi en chantant et frappant avec leurs faucilles.

Du pinson, etc., etc.

(Les moissonneurs se remettent au travail. Le cortège défile. On verra le marquis de Carabas assis en face de la princesse.)

(*La toile se baisse.*)

FIN DU TROISIÈME ACTE

QUATRIÈME ACTE

SCÈNE PREMIÈRE

LA PRINCESSE, FRIDOLINE, DEMOISELLES D'HONNEUR

(La scène représente l'intérieur du palais du roi. Petit salon de travail de la princesse. Au lever du rideau, on la verra entourée de ses filles d'honneur, chacune diversement occupée. Les unes auront un métier à tapisserie, les autres confectionneront un bonnet, une brassière, un jupon, etc., etc. Sur la table, on apercevra de petits vêtements d'enfants étalés. Dans un coin, une harpe.)

FRIDOLINE, montrant un petit manteau d'enfant.

Ah ! voilà le manteau fini ! Que je suis contente de penser qu'il va bientôt réchauffer les épaules d'un pauvre petit enfant ! C'est égal, je crois, princesse, que nous aurons de la peine à soulager toutes les misères que nous connaissons ! (Montrant un coffret.) Cette cassette est remplie de demandes. De tous côtés on fait appel à votre charité... Ce ne sera jamais fini !...

LA PRINCESSE

Qu'importe ! Nous essaierons toujours. Lorsqu'il s'agit de faire un peu de bien à ceux qui souffrent, il ne faut jamais se décourager. Je pense surtout aux pauvres petits enfants sans mère ; comme ils sont à plaindre ! Tout leur manque, non seulement le vêtement, la nourriture quelquefois, mais les bons soins, et les baisers si doux qu'une mère seule peut donner !

UNE DEMOISELLE D'HONNEUR, montrant un petit bonnet.

Bon ! voilà le sixième bonnet terminé. Il ne manquait que cela à la layette que j'ai faite toute seule. Princesse, quand irons-nous distribuer ces vêtements ?

LA PRINCESSE

Le jour des Rois, qui est mon jour de naissance, comme vous savez, et qui va bientôt arriver. Ce sera pour moi la plus belle des fêtes, que celle de faire des heureux, de voir de beaux petits visages d'enfants souriants et de pauvres mères attendries à l'idée qu'elles pourront donner un peu de bien-être à ceux qu'elles aiment! Comme elles doivent avoir le cœur brisé lorsqu'elles les voient souffrir ! Ah! tenez, mes amies, si je remercie Dieu d'être la fille d'un roi, c'est surtout parce que je peux donner à ceux qui n'ont rien. Il n'y a pas de plus grande joie sur la terre, et je désire qu'on me fasse connaître plus de misères encore, afin que les trésors que j'ai sous la main servent à les soulager.

FRIDOLINE

On sait que vous êtes bonne et généreuse, princesse, et pour cela chacun voudrait vous voir heureuse, très heureuse!...

LA PRINCESSE

Eh bien! mais... Est-ce que je ne le suis pas?...

FRIDOLINE, avec hésitation.

Vous êtes triste quelquefois!

LES DEMOISELLES D'HONNEUR, ensemble.

C'est vrai !

LA PRINCESSE, les regardant.

Vous trouvez?... Mais non, je vous assure...

FRIDOLINE, secouant la tête.

Oh! si, je l'ai bien remarqué. Et même il m'a semblé

que c'est depuis cette fameuse chasse au lion, où nous avons rencontré pour la première fois le marquis de Carabas, dont le nom intriguait tout le monde à la cour. Mais qu'est-il donc devenu depuis ce temps-là ? Il n'a plus reparu !

UNE DEMOISELLE D'HONNEUR

Le roi comptait sur lui pour être le vainqueur du lion !

LA PRINCESSE

Et qui nous dit qu'il ne le sera pas ?

FRIDOLINE

Ce qu'il y a de certain, c'est qu'une fois dans la forêt, après être descendu de la chaise à porteurs du roi, il s'est séparé des autres chasseurs, suivi de ce singulier compagnon qui paraît lui être si dévoué et qui s'appelle, je crois, le Chat Botté. Nos chasseurs sont rentrés bredouilles. Quant à lui, il a disparu ! On dit que le roi votre père est furieux, princesse. Il s'imagine qu'il a eu affaire à quelque aventurier.

LA PRINCESSE, vivement.

Aventurier, le mot est fort ! Le marquis avait trop grande mine, et je veux croire à l'expression noble et sincère de son regard. Mais que la journée me paraît longue... J'ai la tête lourde...

FRIDOLINE

Princesse, il faut vous distraire. Un peu de musique vous fera du bien.

LES DEMOISELLES D'HONNEUR

Oh! princesse, chantez-nous la jolie ballade que nous aimons.

(Un page apportera la harpe à la princesse.)

LA PRINCESSE chantera en tenant la harpe et faisant mine de s'accompagner.

(Air : *C'est la Mère Michel.*)

Premier Couplet

On dit qu'ici, jadis, la châtelaine,
Comme une fleur charmante éclose au vieux manoir,
Doucement, à genoux, venait prier le soir,
Et puis, tous les matins, filait la laine.

Chœur

Doucement à genoux, elle priait le soir,
Et puis, tous les matins, filait la laine.

Deuxième Couplet

Or, il advint qu'un jour, sous la tourelle,
Passait, tendant la main, un petit orphelin!
La châtelaine offrit ses souliers de satin,
L'enfant bénit tout bas la damoiselle.

Chœur

La châtelaine offrit ses souliers de satin,
L'enfant bénit tout bas la damoiselle.

Troisième Couplet

Oyez, le lendemain, quelle merveille !
Assise en son retrait pour travailler encor,
Soudain, elle aperçut une quenouille d'or,
   Qui donc l'avait placée en sa corbeille ?...

Chœur

Soudain, elle aperçut une quenouille d'or,
   Qui donc l'avait placée en sa corbeille ?...

LES DEMOISELLES D'HONNEUR, applaudissant.

Bravo ! bravo ! princesse !

FRIDOLINE

Ah ! qui vient là ? Princesse, c'est le page du roi. Un message pour vous !...

LA PRINCESSE, posant sa harpe.

Qu'est-ce que cela peut être ?

(Elle saisit vivement la lettre que le page lui offre respectueusement sur un plateau d'argent. Elle lit.)

LES DEMOISELLES D'HONNEUR, se regardant ensemble.

Il y a quelque chose dans l'air !

FRIDOLINE

Silence ! mesdemoiselles !

LA PRINCESSE, très émue.

Grande nouvelle ! Le roi, mon père, me fait savoir que le fameux lion a été tué. Toute la cour se met en fête pour recevoir le vainqueur. Il ne me dit pas son nom ; il veut m'en laisser la surprise ; mais il me prie, avec insistance, de revêtir la toilette destinée à mes fiançailles et de venir au plus tôt le rejoindre, avec mes filles d'honneur, dans la salle du trône.

FRIDOLINE

Le nom du vainqueur, vous ne le devinez pas, princesse ?

LA PRINCESSE

Tais-toi ! j'ai peur de me tromper !...

FRIDOLINE

C'est le marquis de...

LA PRINCESSE

Non, non, ne prononce pas ce nom... Quel bruit dans ce palais, entendez-vous ? On se rend par les galeries à la salle du trône. (Elle écoute.) Oh ! mais il me semble que l'orchestre de la cour répète quelque chose... Ah ! oui, je reconnais la musique, c'est la Royale-Pavane !

Mais alors on dansera, ce soir. Ah ! vite, à nos toilettes, faisons-nous bien belles !

FRIDOLINE

Princesse, je vous suis !

(La princesse et Fridoline sortent par une porte et les demoiselles d'honneur par une autre emportant leurs ouvrages.)

(A ce moment, il y aura un changement de décor. La chambre de la princesse s'ouvrira par le fond et l'on verra la salle du trône décorée, ornée de trophées. Sur le côté gauche, un trône pour le roi et sa fille. A droite, une haute fenêtre en ogive à petits vitraux.)

SCÈNE II

LE ROI, DAMES, SEIGNEURS, PAGES, GARDES, ETC., ETC.

LE ROI, debout, près de la fenêtre, un groupe de seigneurs derrière lui, à une distance respectueuse.

Ah ! ma fille sera heureuse ! Ce marquis de Carabas avait depuis longtemps toutes mes sympathies et je faisais des vœux pour qu'il fût le vainqueur. (Se retournant vers les seigneurs.) Notre dernier messager n'avait-il pas signalé l'arrivée des chasseurs pour cette heure-ci, messieurs ?

UN OFFICIER

Oui, sire, mais il n'y a pas de retard encore. Il paraît, d'après ce qu'ont raconté les messagers qui sont arrivés ici les uns après les autres, que la victoire du marquis de Carabas a fait grand bruit dans tout le royaume, les provinces se soulèvent, on se porte sur son passage; les plus enthousiastes l'accompagnent avec un chant de victoire; nous allons voir arriver ici tout un peuple!... Oh! n'entendez-vous pas la fanfare? (Air dans la coulisse Plusieurs vivats répétés. Bruit et tapage.) Quel bruit!...

LE ROI, retournant vers son trône.

C'est lui! Préparons-nous à lui faire honneur. (Aux gardes.) Messieurs, que rien ne soit oublié et qu'on exécute fidèlement les ordres que j'ai donnés.

UN OFFICIER, s'avançant.

Sire, Monsieur le marquis de Carabas réclame l'honneur d'être introduit auprès de Votre Majesté. Votre grand veneur et les chasseurs qui sont allés au-devant de lui l'accompagnent, et une foule énorme qui le suit a envahi jusqu'aux antichambres et à la salle des gardes...

LE ROI

Qu'on laisse entrer tout le monde! Dans un moment aussi solennel, nous voudrions que tous nos sujets puissent être témoins de notre bonheur. Faites ouvrir les portes...

SCÈNE III

LES MÊMES, LES CHASSEURS, LE MARQUIS DE CARABAS, LE CHAT BOTTÉ, MEUNIERS, PAYSANS, MARCHANDS, MOISSONNEURS, ETC., ETC.

L'air des chasseurs se continuera jusque-là en sourdine pendant le dialogue qui précède. On entendra les cris de *Vivat! Vivat! Vive M. le marquis de Carabas!* plusieurs fois répétés. — Le grand veneur, les chasseurs feront leur entrée en agitant leurs chapeaux et en entourant le marquis de Carabas qui aura la tête découverte. Le Chat Botté suivra; derrière eux viendra tout un peuple composé des meuniers et meunières, marchands et marchandes, moissonneurs et moissonneuses. Après les vivats, le cortège entonnera le chant de victoire. Il s'avancera jusqu'au pied du trône, le roi en descendra les marches pour aller recevoir le marquis, et lui tendant les mains, il le félicitera tout bas.

Chœur

(Air: *Colinette au bois.*)

Chantons la gloire du vainqueur
Qui nous rendit [paix et bonheur. (*bis.*)
C'est l'heure de la récompense,
Disons dans notre joie immense :
Gloire au Marquis ! Marquis de Carabas !
A lui donc honneur et puissance,
Respect, amour, reconnaissance,
Ah ! suivons-le tous chapeau bas,
Inclinons-nous à chaque pas,
Tous chapeau bas, oui, saluons bien bas!
Vive [le grand Marquis de Carabas ! (*bis.*)

LE ROI, lui tendant la main.

Honneur à vous, Monsieur le Marquis! Et nous vous dirons, avec ceux qui vous font cortège : Vive le grand vainqueur! Vive le héros que nous sommes fiers de recevoir ici. Vous avez délivré notre royaume d'une véritable calamité, et, malgré votre modestie, nous ne vous tenons pas quitte du récit de vos prouesses; mais nous réserverons cela pour demain ; aujourd'hui, soyons tout au triomphe, tout à la fête !

LE MARQUIS DE CARABAS, s'inclinant très bas.

Ah ! sire, votre bonté me comble !

LE ROI

La cour est rassemblée, ce soir, Monsieur le Marquis, pour assister au grand événement qui va s'accomplir.

(Le roi fait signe à un page qui va ouvrir une porte ; la princesse, en costume de mariée, suivie de ses filles d'honneur, fera son entrée, précédée de deux gardes et suivie de deux petits pages portant sa queue. La musique joue en sourdine. Le roi va au devant de sa fille et lui prend la main.)

Marquis, un roi n'a qu'une parole. La récompense promise au vainqueur, la voici : Vous serez l'époux de ma fille, et nous allons, dès ce soir, célébrer des fiançailles qui me rappelleront mes vingt ans.

LE MARQUIS, baisant la main du roi.

Sire ! pardonnez l'émotion... le respect... la reconnaissance !...

LE ROI

Marquis, je connais vos sentiments... Vous avez été le héros du combat, soyez, ce soir, le héros de cette fête de famille. Je vous invite à la Royale-Pavane qui va se danser ici, tout à l'heure. J'avais juré que je figurerais encore à cette danse, un des souvenirs de mon jeune temps, le jour où l'on célébrerait les fiançailles de ma fille. Eh bien ! Marquis, ce jour est venu. Pendant que vous allez vous rendre dans mes appartements pour revêtir un costume de circonstance, je vais conduire la princesse pour la première figure, et c'est vous qui prendrez ma place ensuite. Allez, Marquis.

(Le marquis s'incline et sort suivi du Chat Botté.)

ROYALE-PAVANE (air à danser).

Le roi prend sa fille par la main. Les danseurs se placent. La danse commence. Après une pause, à la fin de la première figure, le marquis de Carabas revient en costume de satin blanc, suivi du Chat Botté. Il va prendre la place du roi, qui remonte sur son trône. La figure recommence et la danse continue et se termine. Pendant que les cavaliers reconduisent les danseuses à leurs places, on entendra du bruit dans les coulisses et la musique jouera en sourdine l'air du Moulin du premier acte : « Ici, sur la colline. »

LE CHAT BOTTÉ, se rapprochant du Marquis de Carabas au moment où celui-ci vient de reconduire la princesse auprès de son père, à demi-voix.)

Entendez-vous ?

LE MARQUIS, avec surprise.

Oh ! l'air du Moulin !

UN OFFICIER, accourant sur la scène précipitamment, s'avance vers le trône.

Sire, deux étrangers, qui ont l'air de deux mendiants, demandent à parler au Marquis de Carabas. Ils ont dû s'introduire au moment où cette foule était entrée tout à l'heure. J'ai voulu les renvoyer, mais ils insistent et j'ai dû venir jusqu'ici.

LE CHAT BOTTÉ, à demi-voix.

Dieu ! si c'étaient vos frères ! il faut les renvoyer !

LE MARQUIS, à demi-voix.

Les renvoyer ! Mes frères !... Oh ! jamais. Va voir, et, si ce sont eux, amène-les jusqu'ici. C'est le Ciel qui les envoie, car je ne veux pas plus longtemps laisser ignorer au roi mon véritable nom.

LE ROI

Monsieur le Marquis, il s'agit, sans doute, de deux intrigants ? Je vais, si vous le voulez, donner des ordres pour vous en débarrasser ?

LE MARQUIS

Sire, je vous demande un instant.

LA PRINCESSE

Comme vous paraissez ému, Monsieur le Marquis ?

LE MARQUIS

Ah ! Princesse, si vous saviez !...

SCÈNE IV

LES MÊMES, LE CHAT BOTTÉ, JEANNOT ET YVON

Le Chat Botté apparaît suivi de Jeannot et d'Yvon, tous deux avec leur costume du premier acte, mais en mauvais état. Vieux feutre rabattu sur les yeux. Ils baisseront la tête et le suivront timidement. L'air du Moulin sera continué pendant ce dialogue en sourdine.

LE MARQUIS, s'élançant et les amenant sur le devant de la scène.

Mes frères!

JEANNOT ET YVON

Lucas! Toi! (Ils tombent à genoux.) Ah! pardonne-nous!

LE MARQUIS, les relevant et les embrassant.

Mes pauvres frères! Dans quel état je vous revois! Et mon père?

JEANNOT

Nous t'apportons sa bénédiction, Lucas! Il a su, avant de mourir, tout ce qui s'était passé; il t'a béni et il nous a maudits.

YVON

Oui, et tout a tourné contre nous ensuite. Rien ne nous a réussi. Le moulin a été vendu, et le nouveau maître nous a chassés, comme nous t'avions chassé.

LE MARQUIS, joignant les mains.

Oh! mon père! je ne vous verrai plus!

JEANNOT

Console-toi, Lucas, car tu n'as rien à te reprocher, en pensant à lui; mais nous!...

LE MARQUIS

Vous avez assez expié sans doute, et le repentir efface bien des fautes. Mais comment êtes-vous venus jusqu'ici?...

YVON

Nous allions sur les routes mendiant notre pain, le hasard nous a conduits dans ce pays. On a prononcé devant nous le nom du marquis de Carabas...

JEANNOT

Alors nous avons voulu voir celui qui portait le même nom que notre père qui n'était que le meunier Carabas. C'est bien toi, pourtant!...

LE MARQUIS, à ses frères.

Suivez-moi, il faut que je parle au roi.

(Ils se rapprochent du trône.)

LE ROI

Marquis, que se passe-t-il?... Expliquez-nous votre agitation! Quels sont ces deux hommes?

LE MARQUIS

Sire! ce sont mes frères! (Le roi et sa fille font un geste

d'étonnement.) Oui, sire, ne m'interrompez pas ; voici mon histoire en deux mots : Je ne suis pas le grand seigneur que vous croyez; je ne suis que le fils d'un pauvre meunier, le meunier Carabas ! Dans le partage que mon père avait fait de ses biens, il ne me revenait qu'un brave serviteur, que j'ai gardé avec moi. Le voici : il s'appelle Chat Botté. C'est lui qui, par son dévouement, son esprit et son habileté, m'a conduit à la fortune, aux honneurs, à la gloire. C'est grâce à lui, c'est avec son aide, que j'ai pu venir à bout de ce monstre qui désolait votre royaume... Il a accompli des miracles pour son maître !... Il a...

LE CHAT BOTTÉ, l'interrompant.

Sire, mon maître ne vous dit pas que ses frères, plus riches que lui puisqu'ils avaient le moulin et ce qui en dépendait, ont voulu l'obliger à me renvoyer, mais qu'il s'y est refusé par respect pour les volontés de son père. Alors, ils l'ont chassé du moulin, les mauvais cœurs !... Mais, je l'avais bien dit, cela ne leur a pas porté bonheur !...

LE MARQUIS, humblement.

Sire, maintenant que vous savez qui je suis, peut-être ne voudrez-vous plus qu'un pauvre fils de meunier...

LE ROI

Marquis, celui qui s'illustre lui-même, et par les qualités de son cœur, et par la gloire qu'il a su acquérir, doit passer avant ceux qui ne comptent que les mérites de leurs aïeux. Je vous ai donné mon estime, et ce que je viens d'apprendre de vous n'a fait que l'augmenter. La main de ma fille est à vous, Marquis, car ma chère Flora partage tous mes sentiments.

(La princesse fait un signe d'approbation en s'inclinant du côté du roi.)

LE MARQUIS

Alors, sire, daignez mettre le comble à vos bontés en m'accordant deux faveurs : celle de garder auprès de moi mon fidèle Chat Botté et celle de vous présenter mes frères repentants et malheureux.

LE ROI

Auprès de vous, vos frères seront chez eux. On leur donnera une charge en ce palais. Quant au Chat Botté, modèle des serviteurs, s'il en fut jamais, je le fais majordome de notre maison royale et lui accorde des lettres de noblesse. Ses armoiries se composeront d'armes parlantes : *Un chat qui prend au piège les lapins de garenne*, car je n'oublie pas les premiers présents qui m'ont fait connaître le marquis de Carabas.

Le roi descendra de son trône et, prenant la main de la princesse, la placera dans la main du marquis. Il se tiendra derrière eux, un peu en arrière, sur le devant de la scène. Près du marquis, le Chat Botté. Près de la princesse, Fridoline. Du côté du marquis, un peu en arrière, ses deux frères. Du côté de la princesse, de même, les filles d'honneur, officiers et gardes portant des bannières armoriées. Groupes divers dans le fond, formés par tous les personnages de la pièce.

LE CHAT BOTTÉ, se détachant et s'avançant de quelques pas.

Puisque je pourrai vieillir auprès de mon maître, je dirai un jour aux petits enfants qui naîtront dans ce palais, comme à tous ceux qui m'écoutent en ce moment : Rappelez-vous, gentils amis, que, dans la vie, aussi bien que dans le conte du Chat Botté, les volontés et les avis d'un père doivent toujours rester sacrés. Gardez fidèlement cet héritage : c'est le seul qui porte bonheur !

Reprise du Chœur

Chantons la gloire du vainqueur, etc., etc.

(La toile se baisse.)

FIN

La Belle au Bois Dormant

PERSONNAGES

LE ROI BENGALI.
LA REINE ÉGLANTINE.
LA PRINCESSE DÉSIRÉE.
LE MAJORDOME PANCRACE.
GERTRUDE, femme du majordome.
LA NOURRICE DE LA PRINCESSE.
LE PRINCE CHARMANT.
LA FÉE AURORE, bonne fée.

LA FÉE GROGNON, méchante fée.
SIX FÉES FIGURANTES.
SIX DEMOISELLES D'HONNEUR.
DEUX PAGES.
SUZON, paysanne.
BAPTISTIN, paysan.
DEUX MARMITONS.
UN HÉRAUT D'ARMES.

Gardes, Figurants, Paysans, Paysannes, Enfants, Danseurs, Danseuses (cortège).

SOMMAIRE DES MORCEAUX

N° 1. — Ouverture.
N° 2. — *Sonnez pour le baptême* (chœur des paysans).
N° 3. — *Sire, que Votre Altesse.*
N° 4. — Entr'acte.
N° 5. — *Fais dodo* (berceuse).
N° 6. — *Pour vous, nous quittons notre empire* (chœur des fées).
N° 7. — *Se percer la main.*
N° 8. — Entr'acte.
N° 9. — *Tournez loin de la belle.*
N° 10. — *En avant, flûte et tambourin* (chœur des bergers et des bergères).
N° 11. — *Air de danse et Gavotte du roi Bengali.*
N° 12. — Entr'acte.
N° 13. — *Il me souvient du beau domaine.*
N° 14. — *Belle dame, dormez-vous ?*
N° 15. — *Jadis pourtant votre cœur.*
N° 16. — *Honneur et gloire à l'aimable princesse !* (chœur final).

INDICATION DES COSTUMES

Le roi Bengali : Longue robe rouge ou grenat et manteau avec hermine et couronne d'or.

La Reine : Robe blanche et or; manteau bleu avec hermine et couronne.

La Princesse : Au premier acte, poupée habillée avec longue robe de baptême et petite couronne d'or sur le bonnet; au second acte, jeune fille avec robe de soie rose et cheveux épars.

La Nourrice : Bonnet de Normande très élevé, tablier à bavette.

Le Prince Charmant : Costume blanc et grenat, petit toquet à plume.

La fée Aurore : Robe blanche avec écharpe rose, coiffure élevée avec voile de mousseline.

La fée Grognon : Costume noir, long voile.

Les six fées : Robes variées, longs voiles.

Le majordome Pancrace : Costume violet avec fraise au cou.

Gertrude : Costume gros-vert avec fraise au cou; jupe sur vertugadin, bonnet à la Maintenon et barbes de dentelle.

Suzon : Costume de paysanne normande avec bonnet très élevé.

Baptistin : Costume de paysan normand, veste ronde, culotte, grand chapeau.

Six demoiselles d'honneur : Habillées en rose (couleur de la princesse). Petites filles aux deux premiers actes; jeunes filles aux deux autres.

Deux pages : En rose.

Deux marmitons : Costume blanc et béret blanc.

Bergers et Bergères : Costumes variés, avec chapeaux garnis de fleurs, houlettes garnies de rubans. Deux bergers tiendront un tambourin, deux autres une flûte ou un chalumeau.

LA
Belle au Bois Dormant

SAYNÈTE-OPÉRETTE EN QUATRE ACTES

PREMIER ACTE

SCÈNE PREMIÈRE

SUZON, BAPTISTIN, DAME GERTRUDE, UN PAGE

La scène représentera une place et une route champêtre conduisant à une petite église de village, quelques maisons disséminées, et, dans ce lointain, sur un point élevé, un château avec tourelles. Les paysans seront massés de chaque côté de la route, attendant le passage du cortège. De temps en temps, des gardes, la hallebarde à l'épaule, traverseront les rangs pour maintenir l'ordre.

Chœur des paysans, avec accompagnement de cloches.

(Air : *En avant, Fanfan-la-Tulipe.*)

Sonnez, sonnez pour le baptême,
Sonnez, cloches, sonnez gaîment,
Sonnez, car l'enfant que l'on aime,
Est du ciel un présent charmant. } *Bis.*

SUZON, accourant,
ayant l'air de sortir d'une des maisons du village
et traînant son mari par le bras.

Mais dépêche-toi donc, nous n'arriverons pas. Je parie que le cortège est déjà sorti de l'église.

BAPTISTIN, soufflant.

Ouf! Je ne peux plus souffler! Arrêtons-nous une minute. Si tu n'étais pas restée deux heures à t'attifer, aussi! C'est toi qui es cause que nous sommes en retard.

SUZON

Tiens! Est-ce qu'il ne fallait pas faire un brin de toilette pour un jour comme aujourd'hui! Mais tu as tort de dire que je suis restée deux heures à m'attifer; c'est après toi que j'ai passé tout mon temps! Dis voir un peu combien de fois j'ai refait le nœud de ta cravate! Et ton *chapiau* des dimanches qui ne se trouvait plus, parce que tu l'avais laissé tomber au fond de l'armoire, même qu'il en était tout bossé, et que je suis restée une heure à le retaper.

BAPTISTIN

Allons! allons! c'est pas toutes ces jérémiades qui vont nous faire avancer. Tiens, j'aperçois là-bas dame Gertrude qui descend seulement du château; alors, tu peux bien être sûre que le cortège n'est pas encore rentré.

SUZON

T'as raison, Baptistin ! Si nous allions de son côté ; dame Gertrude, elle n'est pas fière, tu sais ; elle cause de bon cœur avec les paysans.

BAPTISTIN

Oh ! ça, c'est pour l'amour de causer ! Les femmes sont toutes bavardes ; mais dame Gertrude, plutôt que de ne trouver personne à qui parler, elle causerait avec notre âne. (Il se tourne vers les spectateurs.) Sauf le respect que je dois... (Ils se rapprochent de dame Gertrude qui arrive par le côté opposé.) Votre serviteur, dame Gertrude ! (Il ôte son chapeau.)

DAME GERTRUDE

Bonjour, Baptistin ! Bonjour, Suzon ! Eh ! que vous voilà braves tous les deux !

SUZON, se redressant.

Oh ! vous pensez bien que nous n'aurions pas voulu, dans un jour de fête, manquer l'occasion de mettre nos beaux *affiquets*.

DAME GERTRUDE

Eh bien ! Suzon, que dites-vous de la nouvelle ? Qui

aurait cru que nous verrions le baptême d'une petite princesse?

SUZON

Ma foi, je vous avoue que je m'étais fait l'idée que le roi des îles de Bengali passerait un jour son royaume à quelque neveu, car, depuis quinze ans qu'on faisait ici des vœux et des prières pour obtenir un héritier, c'était à en désespérer!

DAME GERTRUDE

Enfin, il est venu! ou plutôt *elle* est venue, puisque c'est une fille. J'espère qu'on a bien choisi son nom : la princesse Désirée! Oh! oui, elle l'a été désirée!...

UN PAGE, s'avançant aux dernières paroles.

Ne croyez-vous pas, dame Gertrude, malgré tout ce que vous en dites, que le roi et la reine font contre fortune bon cœur, et qu'ils auraient préféré un garçon.

DAME GERTRUDE, se retournant vers le page avec indignation.

Et pourquoi cela, s'il vous plaît? Qui vous demande votre avis? Une fille ne vaut-elle pas tout autant? Voyez-vous, ce beau damoiseau! Comme ça se redresse! Ça se mêle de dédaigner les femmes, parcé que ça vous a un peu de barbe au menton!

LE PAGE

Là! là! dame Gertrude, ne vous fâchez pas! Je n'ai pas voulu vous offenser, et vous me voyez, par avance, tout prêt à saluer et à admirer la princesse Désirée!

BAPTISTIN, d'un air convaincu.

Désirée, c'est un beau nom!

DAME GERTRUDE

Ah! oui, mais ce qui sera bien plus beau, ce sont les fêtes que le roi va donner à l'occasion du baptême. Vous ne savez encore rien, vous autres?

SUZON

Quoi donc? Mais non, nous ne savons rien. Dites-nous ce qui se prépare, dame Gertrude?

BAPTISTIN

Le diable emporte les femmes curieuses! Tu seras cause, tout à l'heure, que nous ne verrons rien du tout. Allons rejoindre les autres.

DAME GERTRUDE

Oh! oh! maître Baptistin, vous n'êtes guère poli, savez-vous! Aussi, c'est pour faire plaisir à votre femme ce que je vais dire, ce n'est pas pour vous, et vous n'avez pas besoin d'écouter. (A Suzon.) Figurez-vous, ma chère, que le roi a invité sept fées au baptême de sa fille; elles assistent au baptême, en ce moment, et vous les verrez dans le cortège. On prépare au château, pour elles, ce soir, un superbe festin.

BAPTISTIN, ouvrant de grands yeux.

Ah! bah! Dites-donc, dame Gertrude, avec votre protection, est-ce qu'il n'y aurait pas moyen de goûter un tout petit morceau du festin? Oh! un pauvre reste qui ne serait bon à rien...

DAME GERTRUDE

Tiens! voilà que ce que je dis vous intéresse, à présent, hein! Vieux gourmand, va! Enfin, je suis sans rancune, moi, on verra! Mais écoutez la fin, ce n'est pas tout : Le roi veut qu'en l'honneur du baptême de la princesse Désirée tout son peuple se réjouisse, et, dans quelques instants, sur le passage du cortège, il y aura distribution de dragées aux enfants et ensuite fête pour tout le village. On apportera du château des corbeilles pleines de gâteaux, des jouets, enfin, vous verrez... Du reste, ça sera annoncé.

(On entend de nouveau le son des cloches.)
Musique en sourdine.

LE PAGE, interrompant.

Écoutez, écoutez, voici les cloches qui sonnent ! Le cortège doit se mettre en route. Placez-vous, si vous voulez voir quelque chose.

UN GARDE, s'avançant et séparant le groupe des causeurs.

Vite, vite, rangez-vous. Que personne ne reste là pour encombrer le passage.

(Les gardes feront un mouvement de circulation.)

UN PAGE, élevant la voix.

Les voici !

(Le cortège défilera sur la place dans l'ordre suivant : le roi, la reine, la nourrice portant la poupée qui figurera la princesse, deux pages portant un petit berceau Moïse; six petites filles de quatre à cinq ans habillées en rose, figurant les demoiselles d'honneur; des gardes feront escorte, des officiers et des pages fermeront la marche. On pourra, à volonté, ajouter de très jeunes enfants, costumés en pages, pour porter la queue de la reine et celles des fées. Sur le passage du cortège, tous les hommes se découvriront. Il y aura un arrêt au moment où roi parlera.)

Chœur des Paysans

Sonnez, sonnez pour le baptême,
Sonnez, cloches, sonnez gaîment,
Sonnez, car l'enfant que l'on aime,
Est du Ciel un présent charmant.

UN PAYSAN s'avançant vers le roi
avec une petite fille qui porte un bouquet, suivie d'autres enfants.

(Air : *Où est la Marguerite.*)

Sire, que votre Altesse,
En ces jours triomphants,
Daigne, pour la princesse,
Écouter nos enfants.

Chœur

Sonnez, sonnez pour le baptême,
Sonnez, cloches, sonnez gaîment,
Sonnez, car l'enfant que l'on aime,
Est du Ciel un présent charmant.

LA PETITE FILLE offrant à la petite princesse
le bouquet qui sera pris par la reine.

Les enfants du village,
En vous offrant ces fleurs,
Disent, dans leur langage :
Pour vous jamais de pleurs.

Chœur

Sonnez, sonnez pour le baptême,
Sonnez, cloches, sonnez gaîment,
Sonnez, car l'enfant que l'on aime,
Est du Ciel un présent charmant.

LE ROI, faisant signe qu'il veut parler.

Écoutez, braves gens !.

UN HÉRAUT D'ARMES, frappant avec sa hallebarde.

Silence !

LE ROI

Je veux qu'en l'honneur du baptême de la princesse Désirée, notre fille, tout le monde soit heureux et content. Je veux que ce soit fête aujourd'hui partout, dans chaque chaumière. Tout à l'heure, les serviteurs du château vont descendre sur la place et distribuer des provisions pour les parents, des surprises pour chaque enfant. Il faut que, ce soir, le plus pauvre de mes sujets puisse mettre la poule au pot et que chaque famille boive à la santé de la petite princesse. — Majordome Pancrace, veillez à ce que mes ordres soient fidèlement exécutés.

TOUS LES PAYSANS, levant leurs chapeaux.

Vive le roi ! vive la reine ! Vive la princesse Désirée !
(Les cris seront plusieurs fois répétés.)

(Le cortège continue à défiler au son des cloches et avec la reprise du chœur.)

Chœur

Sonnez, sonnez pour le baptême,
Sonnez, cloches, sonnez gaîment,
Sonnez, car l'enfant que l'on aime,
Est du Ciel un présent charmant.

(Aussitôt que le cortège aura disparu, on verra déboucher, descendant du château, des cuisiniers portant des gâteaux, des officiers avec des bourses, des marchands de jouets qui distribueront : ballons rouges, poupées, trompettes, tambours, aux enfants, et les paysans reprendront le chemin de leurs demeures par groupes, au son des cloches, en répétant leur refrain, pendant que les enfants feront marcher : ballons, tambours, trompettes, etc. La musique continuera tout le temps, pendant le mouvement des groupes et jusqu'à ce qu'ils se dispersent à droite et à gauche.)

(La toile se baisse.)

DEUXIÈME ACTE

SCÈNE PREMIÈRE

LE MAJORDOME PANCRACE, DAME GERTRUDE, UN MARMITON, DEUX PAGES.

(La scène représente une salle décorée avec trophées aux murs; deux trônes au fond pour le roi et la reine; au milieu, une grande table dressée, couverte de pyramides de fruits, de gâteaux, ornée de corbeilles de fleurs, avec profusion de carafons variés; il devra y avoir place pour dix couverts. Au lever du rideau, dame Gertrude prendra des mains d'un page une assiette que celui-ci laissera tomber et qui se brisera.

DAME GERTRUDE, furieuse.

Page de malheur ! Vous n'en faites jamais d'autres ! A quoi servent donc de pareils étourneaux ! Je vous le demande ?

LE PAGE

Mais, dame Gertrude, ce n'est pas de ma faute... Si vous n'aviez pas tiré si fort.

DAME GERTRUDE

Bon ! Est-ce moi que vous allez accuser de votre

maladresse ? Ah ! si j'étais le roi, on ne verrait pas un seul de vos pareils dans ce palais ?...

LE MAJORDOME

Holà ! dame Gertrude, allez-vous vous quereller avec un page, maintenant ? Assez de bavardage comme cela. Veuillez plutôt donner un coup d'œil à ma table et voyez si le roi Bengali a bien fait les choses : les fruits les plus rares, les vins les plus exquis ! Tous les mets servis dans sa vaisselle d'or des grands jours ! Tout à l'heure, sous les lumières, vous allez voir ces cristaux étinceler comme des diamants.

DAME GERTRUDE

Tout cela est superbe, éblouissant ! Mais ce que j'admire le plus, c'est la main habile qui a su créer un pareil chef-d'œuvre ! Vraiment, je me sens fière d'être la femme du grand majordome Pancrace. Mais, dites-moi, savez-vous quels sont les convives que le roi a invités ?

LE MAJORDOME

Quoi ? Vous l'ignorez ? On ne parle que de cela au palais ! Et vous, dont les oreilles sont toujours ouvertes et la langue bien pendue, je suis étonné que...

DAME GERTRUDE, interrompant.

Merci ! Continuez...

LE MAJORDOME

Vous savez bien que nous allons recevoir ici les marraines de la princesse, les grandes et puissantes fées que le roi Bengali a fait venir de si loin. Personne n'étant digne de figurer à côté d'elles, elles seront seules à table avec leurs Majestés. Comptez les places ; sept pour les fées, deux pour le roi et la reine, ce qui fait neuf.

DAME GERTRUDE, comptant.

Oui, c'est cela, vous avez raison. Mais je ne comprends pas la nécessité de donner sept marraines à la princesse Désirée ! Moi, je n'en ai qu'une, — à ce qu'on m'a raconté, du moins, — car elle ne s'est guère occupée de moi et je ne l'ai jamais vue. Ce qui ne m'a pas empêchée de faire mon chemin dans le monde, comme vous voyez !

LE PAGE, malicieusement.

Votre marraine n'était pas une fée, sans doute, cela se voit ! Ma foi, quand on a des fées pour marraines, on n'en saurait trop avoir.

LE MAJORDOME

Le page a raison, dame Gertrude, et le roi Bengali a été de cet avis. Il y a donc sept fées, une de plus que la demi-douzaine. Vous pensez bien qu'avec cela la jeune Désirée ne peut manquer d'être la princesse la mieux douée du monde. Le roi, d'ailleurs, pour bien disposer Mesdames les Fées, n'a rien négligé : il a fait préparer pour chacune d'elles un étui d'or que voici. Regardez. (Il prend un étui.) Le premier orfèvre du royaume a fait ce travail commandé spécialement pour les fées. Chacune d'elles emportera ce souvenir ; il n'en a pas été fait un seul de plus. Mais je m'aperçois que je m'oublie à causer. Ah ! dame ! quand on a une femme bavarde, je crois que ça vous gagne...

DAME GERTRUDE

Bon, parce que vous autres, hommes, vous avez des défauts. Oui ! (Levant les mains au ciel.) Et Dieu sait si vous en avez ! Vous allez maintenant vous en prendre aux femmes !

LE MAJORDOME

Trêve de paroles inutiles et n'oubliez pas le respect que vous devez au grand majordome Pancrace, qui vous a fait l'honneur de vous épouser. L'heure s'avance, le roi et la reine ne vont pas tarder à venir. (Donnant un dernier coup d'œil à la table.) Tout est prêt, je crois ? Chacun à son poste, à présent. Dame Gertrude, là-bas, au bout de la table ! Et vous, les pages, assez plaisanté maintenant. (Au marmiton.) Quand à vous, l'ami, vous pouvez retourner à vos fourneaux.

UN GARDE, annonçant.

Le Roi !

(Le marmiton sort précipitamment.)

SCÈNE II

LES MÊMES, LE ROI, LA REINE, LA NOURRICE, LA PRINCESSE DÉSIRÉE

(A l'entrée du roi, les deux pages seront placés de chaque côté de la porte. Le roi, la reine et la nourrice portant la princesse; deux pages portant un petit berceau Moïse; six petites filles en rose, les six demoiselles d'honneur; le roi, la reine et la nourrice s'avanceront sur le devant de la scène; les porteurs du berceau le placeront sur un meuble autour duquel se grouperont les demoiselles d'honneur.)

LA REINE, se tournant du côté de la nourrice.

Approchez, nourrice ! La princesse n'est-elle pas fatiguée ? La cérémonie a été un peu longue. (Au roi.) Regardez donc, sire, comme votre fille se tient droite dans sa robe de baptême.

LE ROI, baisant la main de l'enfant.

Chère mignonne, elle est charmante !

LA REINE

Charmante, oui, vous avez raison, sire. Mais ce n'est pas seulement sa parure qui la rend belle ; remarquez un peu ce regard brillant, cet air intelligent ? Savez-vous qu'elle a vos yeux tout à fait ?

LE ROI

Madame, vous me flattez... Moi, j'examinais cette petite bouche qui sourit déjà et je retrouvais votre gracieux sourire.

LA REINE, agitant son éventail.

En vérité, Votre Majesté est trop aimable ! Mais ces traits de ressemblance ne signifient pas encore grand'chose, tout à l'heure les fées vont nous dire ce que sera notre fille. Ce sont elles qui vont la douer pour l'avenir. Oh ! pourvu que toutes se montrent de bonnes fées ! Si l'une d'elles allait s'aviser de souhaiter malheur à notre fille !

LE ROI

Quelle idée ! N'avez-vous pas déjà vu leurs bonnes dispositions ! Elles se sont toutes rendues à mon invitation ; elles viennent d'assister à la cérémonie du baptême. J'ai même pu causer un instant avec l'une d'elles qu'on appelle, je crois, la fée Aurore. Je l'ai trouvée fort aimable. Elle m'a assuré qu'elle aimait déjà beaucoup la princesse Désirée.

LA REINE, en soupirant.

Mon Dieu ! vous avez raison, sans doute ; mais les mères se tourmentent toujours. Nourrice, la princesse commence à fermer les yeux, chantez quelque chose pour l'endormir.

LE ROI, prenant la reine par la main la conduit à son trône.

Venez, Madame ! (A la nourrice.) Oui, nourrice, chantez-nous, vous savez... la chanson de la montagne qui endort les petits enfants, et que la reine aime tant à entendre ?

LA NOURRICE, chante à mi-voix, après avoir placé l'enfant dans le berceau, auquel elle imprimera un mouvement de balancement pendant que la musique jouera en sourdine.

(Air : Fais dodo, Colin, mon petit frère.)

Refrain

Fais dodo,
Dans notre chambrette,
Fais dodo,
Sous ton blanc rideau.
Fais dodo,
Pour ma joliette,
Fais dodo
Je chante un rondeau.

Premier Couplet

Dans le grand ciel noir,
Quand brille l'étoile,
Je file le soir
Ta robe de toile.

Refrain

Fais dodo,
Dans notre chambrette, etc., etc.

Deuxième Couplet

Un ange, la nuit,
Si l'enfant est sage,
Arrive à minuit
Baiser son visage.

Refrain

Fais dodo,
Dans notre chambrette, etc., etc.

LE ROI, *appelant.*

Majordome ?

LE MAJORDOME, *s'avançant et s'inclinant très bas.*

Sire !

LE ROI

Aussitôt après l'entrée des fées dans cette salle, le service de la table devra commencer et les musiciens joueront.

LE MAJORDOME

Les désirs de votre Majesté seront fidèlement exécutés.

LE ROI

Reine, écoutez... Voici les Fées !

(On entendra une musique en sourdine, qui augmentera à l'entrée des fées; celles-ci marcheront à la file en marquant le pas suivant le rythme; le roi et la reine descendront du trône pour aller au-devant d'elles. Arrivées sur la scène, les fées chanteront.)

(Air: *Gai ! Gai !*)

Refrain

LES FÉES

Pour vous nous quittons notre empire,
Ce pays merveilleux ;
Nous accourons, ici, vous dire,
Nous souhaits et nos vœux.

TOUS LES ASSISTANTS

A la Princesse. Oui, pour toi l'on soupire,
Princesse aux blonds cheveux,
Aux Fées. Ah ! daignez lui prédire,
Le sort le plus heureux !

LES FÉES

Refrain

Pour vous, nous quittons notre empire,
Ce pays merveilleux ;
Nous accourons, ici, vous dire
Nos souhaits et nos vœux

LE ROI ET LA REINE, montrant le trophée au mur.

Sous le noble trophée
De l'antique manoir
Salut à chaque fée !
Et disons pleins d'espoir :

LE ROI, LA REINE, LES ASSISTANTS ET LES FÉES

Refrain

Pour vous nous quittons notre empire
    nous vous quittez votre
Ce pays merveilleux ;
Nous accourons, ici, vous dire
Vous accourez,   nous
Nos souhaits et nos vœux.
Vos   vos

LA REINE

Mesdames les Fées, permettez-moi de vous conduire au berceau de ma fille et daignez, tour à tour, me faire connaître votre nom afin que je puisse l'apprendre un jour à votre jeune filleule.

PREMIÈRE FÉE

Très volontiers, belle reine. Je suis la fée Aurore.

DEUXIÈME FÉE

Et moi fée Lutine.

TROISIÈME FÉE

On m'appelle fée Mignonne.

QUATRIÈME FÉE

Et moi fée Luisante.

CINQUIÈME FÉE

Mon nom plaira davantage à la petite princesse : je m'appelle la fée Croquignole.

SIXIÈME FÉE

Et moi le mien est plein de douceur : je suis la fée Satinette.

SEPTIÈME FÉE

Je crois que tous les enfants doivent chérir le mien : je suis la fée Rieuse.

LE ROI

Mesdames, avant d'offrir vos dons à la princesse Désirée, la reine et moi nous vous prions de prendre place au festin préparé en votre honneur. Fée Aurore, voulez-vous accepter mon bras.

(Le roi, avec la fée, ira prendre sa place à la table; la reine et les autres fées suivront et se placeront autour de la table; le roi et la reine en face l'un de l'autre. Les pages feront circuler les plats.)

LA REINE

Voilà une heureuse journée, Mesdames. Ah! mon Dieu, qu'y a-t-il? Que nous veut ce page effaré!

UN PAGE, allant au roi précipitamment lui parler à mi-voix.

Oui, Sire, elle est dans la salle de l'autre côté.

LE ROI, se levant.

Ah! Reine! je suis désolé! Une fée a été oubliée dans nos invitations. Elle vient d'arriver! il paraît qu'elle est furieuse!

LA REINE

Ah! miséricorde! Comment s'appelle-t-elle?

LE PAGE

Elle m'a dit son nom : c'est la fée Grognon.

TOUTES LES FÉES CONSTERNÉES

Oh! ciel! elle est si méchante!

LE ROI

Je la croyais morte; c'est pour cela qu'elle n'a pas été invitée. Vite, un couvert, ici près de moi. Là ! dépêchez-vous.

LA REINE

Le malheur, c'est qu'elle va s'apercevoir qu'elle n'a pas un étui d'or comme les autres.

LE ROI

Allons au-devant d'elle et tâchons d'adoucir sa colère.

(Il sort de table avec la reine; les fées se retournent.
(*Musique en sourdine*)

SCÈNE III

LES MÊMES, LA FÉE GROGNON

LA FÉE GROGNON, courbée en deux, très vieille,
appuyée sur une canne.

Ah ! ah ! Il paraît qu'on ne m'attendait pas ici ! (Montrant le berceau du bout de sa canne.) On ne voulait pas de moi pour marraine de la petite mijaurée qui dort là-dedans !

LE ROI, très doucement.

Oh ! madame la Fée ! quelle joie de vous voir J'avais

tant entendu parler de vous, autrefois, par mon illustre père! Mais je croyais que vous aviez quitté le pays.

LA FÉE GROGNON

Quitté le pays! Quitté le pays! Ta, ta, ta! Qu'est-ce que cela veut dire? Croyez-vous, par hasard, qu'une fée de mon espèce voudrait vivre dans une ville d'oiseaux comme la vôtre?

LE ROI, à part.

Ma foi, je m'embrouille. Qu'ai-je été dire?... (Haut.) Madame la Fée, daignez vous asseoir à cette place qui vous avait été réservée, croyez-le bien, car nos cœurs vous réclamaient.

LA REINE

Oui, nos cœurs vous attendaient.

LA FÉE GROGNON

Vraiment! Alors ma visite n'étonne personne. (A part.) Nous verrons cela tout à l'heure.

(Elle passe raide devant les autres fées qui saluent poliment.
Tout le monde se rassied.)

LE ROI, au page.

Versez donc à boire à Madame la Fée! (A la fée Grognon.) Madame, le voyage a dû vous fatiguer?

LA FÉE GROGNON

Est-ce qu'une fée se fatigue? Je suis venue sur mon char de feu, traîné par des dragons. Nous avons traversé les nuages pour arriver jusqu'à ce petit royaume. (A part.) Hein! qu'est-ce que c'est que ça? Ma voisine a là un fort bel étui d'or! Ah! mais les autres aussi! (Elle regarde à côté de son assiette.) Tiens! et moi je n'en ai pas. On ne m'attendait point ici, j'en étais sûre! Oh! c'est ainsi qu'on traite une fée de mon importance!... C'est bon! ils verront tout à l'heure. Je me vengerai!...

LA REINE, montrant la nourrice qui a pris la petite princesse sur son bras.

Sire, la princesse est réveillée, et si Mesdames les Fées le permettent, nous allons leur demander de doter notre fille de leurs précieux dons. (Toutes les fées se lèvent.)

(Le roi offre son bras à la fée Lutino; les convives quittent la table et la reine va prendre sa fille qu'elle tient sur ses genoux. Le roi se place à ses côtés.)

LA FÉE AURORE, se détachant du groupe et s'avançant sur la scène en montrant la fée Grognon.

Qu'est-ce qu'elle a donc marmotté, tout à l'heure, entre ses dents? Prenons garde! Elle va faire quelque mauvais souhait à la princesse. Si je pouvais l'empêcher. Ah! une idée. Je vais me cacher derrière ce paravent; je n'en sortirai que quand elle aura parlé; de cette façon, je tâcherai de réparer le mal qu'elle aura fait, car je me doute qu'elle veut en faire... Elle paraît si furieuse! Elle roule des yeux si terribles! Là, cachons-nous pendant qu'elle a le dos tourné.

(Elle se cache derrière le paravent).

LA FÉE LUTINE, étendant sa baguette vers la princesse.

Puisque je parle la première, je prédis à la princesse Désirée qu'elle sera la plus belle personne du monde.

LA FÉE MIGNONNE, étendant sa baguette.

Moi, je veux qu'elle ait de l'esprit comme un ange.

LA FÉE LUISANTE, étendant sa baguette.

Elle aura une grâce admirable dans tout ce qu'elle fera.

LA FÉE CROQUIGNOLE, étendant sa baguette.

Elle dansera à ravir.

LA FÉE SATINETTE, étendant sa baguette.

Elle chantera comme un rossignol.

LA FÉE RIEUSE, étendant sa baguette.

Elle jouera de tous les instruments à la perfection.

LA FÉE GROGNON, étendant sa baguette.

A mon tour, enfin! Écoutez bien!...

LE ROI, à part.

Je tremble!...

LA REINE, à part.

Je meurs de frayeur!...

LA FÉE GROGNON

Le jour de ses quinze ans, la princesse se percera la main d'un fuseau, et elle mourra. Adieu ! (Elle sort furieusement.)

(Tous les assistants jettent un cri, la reine se renverse dans son fauteuil ; la nourrice se précipite pour reprendre l'enfant.)

LE ROI

La reine s'évanouit ! Madame, revenez à vous !

(Il lui frappe dans les mains).

LA REINE, revenant à elle, prenant la main de l'enfant.

Pauvre petite ! (Elle tire son mouchoir et pleure.)

LE ROI

Pauvre enfant ! (Il tire son mouchoir et pleure.)

TOUS LES ASSISTANTS

Pauvre princesse Désirée !
(Ils tirent tous leurs mouchoirs et pleurent en poussant des cris et des sanglots.)

6.

TOUS LES ASSISTANTS, en chœur.

(Air: *Marie, tremp' ton pain.*)

Se percer la main (*bis*),
Mais c'est un souhait lamentable!
Se percer la main (*bis*),
Ah! pleurons tous jusqu'à demain.

(Ils poussent des sanglots.)

LE MAJORDOME ET SA FEMME, s'avançant indignés et montrant la table.

Dire qu'à cette table,
Une fée exécrable
A pris sa part du grand festin,
Pour prédire un pareil destin!

Bis en chœur.

Chœur

Se percer la main (*bis*), etc., etc.

LA FÉE AURORE, se montrant tout à coup.

Silence! Écoutez-moi. Je vais essayer d'adoucir le mal prédit par mon ancienne. Rassurez-vous, Roi et Reine, votre fille ne mourra pas. Il est vrai que je n'ai pas assez de puissance pour détruire entièrement ce qu'à fait la fée Grognon. La princesse se percera la main, mais, au lieu d'en mourir, elle tombera dans un profond sommeil qui durera cent ans, au bout desquels le fils

d'un roi viendra la réveiller. Et maintenant, Roi et
Reine, recevez nos adieux.

(Les fées s'inclinent et se mettent en marche pour sortir,
comme à l'arrivée, en chantant.)

Reprise du Chœur des Fées

Vous retournez dans votre empire,
Nous retournons dans notre empire,
Ce pays merveilleux,
Et sans avoir pu nous prédire,
Et sans avoir pu vous prédire,
Un sort vraiment heureux.

} bis.

(Les fées sortent.)

LE ROI

Assez pleuré ! Assez gémi ! Voici ce que j'ai décidé
dans ma royale sagesse pour éviter le malheur qui nous
menace : demain, à l'heure de midi, sur toutes les places
de notre capitale, et les jours suivants, dans toutes les
villes du royaume des îles Bengali, un édit sera lu par
un héraut d'armes pour défendre à toutes nos sujettes,
femmes et filles, vieilles ou jeunes, de filer ou d'avoir
un fuseau chez soi sous peine de mort. Officier des
gardes, vous avez entendu, vous veillerez à ce que mes
ordres soient exécutés.

(L'officier s'incline : la reine embrasse la petite princesse qu'entourent les petites demoiselles d'honneur d'un air attendri.)

DAME GERTRUDE, à part, au public en levant l'index.

C'est égal! Ce qu'une fée a prédit doit toujours arriver!

(*La toile se baisse*).

FIN DU DEUXIÈME ACTE

TROISIÈME ACTE

SCÈNE PREMIÈRE

DAME GERTRUDE, seule.

(La scène représente un jardin avec bosquets et sièges rustiques ; au fond, terrasse et château. Sur un des côtés de la scène, sorte de pavillon dont la porte ouverte laissera voir dame Gertrude un fuseau à la main, assise et fredonnant. Au lever du rideau, la musique jouera la ritournelle.

DAME GERTRUDE, chantant en tournant son fuseau.

Premier Couplet

(Air du *Juif-Errant*.)

Tournez loin de la belle,
Tournez léger fuseau,
Quand noble demoiselle
Reste dans son château,
Filez toile et dentelle
Pour le beau jouvenceau.

Deuxième Couplet

La loi veut que l'on pende
Qui file en son logis :
Ce sort qu'on appréhende,
Je m'en moque et j'en ris;
Que le roi le défende,
Je suis d'un autre avis.

Troisième Couplet

Poutant, c'est en cachette,
Que j'ai filé toujours
Le col et la manchette
Qui parent le velours
De ta noble jaquette,
Pancrace, ô mes amours!

(Elle se lève.)

Le fait est que je n'ai pas su y résister, et depuis quinze ans, chaque fois que j'ai pu venir retrouver mon fuseau dans ce réduit, je n'y ai pas manqué. Personne ne s'en est douté, pas même mon mari, sans cela il m'aurait tuée. Défense du roi! Pensez donc? C'était grave! Mais qui donc aurait filé comme moi la toile des belles chemises de Pancrace? Je n'ai pu me résoudre à un pareil sacrifice, et comme ce château de plaisance était quasi abandonné et que j'en avais la garde, j'ai pu filer, sans danger, tout à mon aise. Pourtant, c'est ennuyeux de se cacher toujours ; mais, Dieu merci les quinze ans de la princesse vont finir aujourd'hui et, alors, la défense sera levée et je pourrai filer au grand jour. Je ne sais qu'elle idée le roi a eue de venir dans ce château avec toute la cour? C'est comme un fait exprès! Enfin, rangeons tout et fermons la porte J'entends des voix? Ciel! la Princesse!

SCÈNE II

(La princesse Désirée, jeune fille, et les demoiselles d'honneur, jeunes filles également, arrivent sur la scène tenant à la main des jeux de grâces et de volant; elles se placent en face les unes des autres et lancent plusieurs fois les cerceaux et les volants.)

LA PRINCESSE DÉSIRÉE, s'approchant de Gertrude.

Hé! dame Gertrude, que faites-vous donc là? Il me semble que vous cachez quelque chose?

DAME GERTRUDE

Moi! Oh! princesse! quelle idée!

LA PRINCESSE, riant.

Ah! c'est peut-être encore quelque surprise qu'on me ménage!...

LA JEUNE FILLE, interrompant son jeu.

Princesse, ne voulez-vous plus jouer avec nous?

LA PRINCESSE

Oh! non; voilà déjà longtemps que nous jouons, et il fait si chaud que je n'ai plus la force de lancer les cerceaux.

UNE JEUNE FILLE

Et puis nous avons déjà fait tant de choses, aujourd'hui, qu'il n'est pas étonnant que nous soyons fatiguées.

DEUXIÈME JEUNE FILLE

Eh! oui, à force de nous amuser! Moi, je ne tiens plus debout, je suis courbaturée.

LA PRINCESSE

Alors, commençons par nous asseoir. Voici justement quelques fauteuils; nous nous mettrons à cette place; au grand air on respire mieux. (Elle apporte un fauteuil.) Tout est charmant ici. Savez-vous que pour mon jour de naissance le roi, mon père, m'a donné ce beau domaine tout entier : le château, le parc, les bois, la ferme. Je n'ai pas encore tout visité, mais vers ce soir, quand nous serons un peu seules et tranquilles, après la danse, si vous voulez, je vous ferai les honneurs de ces merveilles.

LES JEUNES FILLES

Oh! quel bonheur, Princesse!

LA PRINCESSE

Asseyez-vous, Mesdemoiselles. (Elles se mettent en cercle autour de la princesse.) Là, reposons nos jambes en attendant que nous leur fassions faire un nouvel exercice, car vous ne refuserez pas de danser, je suppose (Avec malice.) malgré la fatigue que vous occasionnent mes quinze ans.

UNE DES JEUNES FILLES

Oh! Princesse, vous vous moquez de nous! Voyez pourtant quelle journée : ce matin, levées au petit jour, première toilette avec justaucorps et petits tricornes pour la chasse; départ et course au galop à travers les bois et les futaies pendant plus de trois heures, déjeuner champêtre, ça, je l'avoue, moment très agréable. Retour au château, nouvelle toilette, pour les divertissements de l'après-midi, les jeux, les danses villageoises, etc., etc.; ce soir, enfin, troisième toilette, mais, cette fois, habit de gala, poudre, mouches et paniers pour le festival et la représentation des comédiens du Roi!... Il faut avouer que voilà une journée qui peut compter pour dix... Mais, que font donc les autres invités en ce moment?

LA PRINCESSE

Chacun s'amuse de son côté : le roi, mon père, joue au tric-trac avec deux ambassadeurs dans le petit salon vert. Les jeunes seigneurs sont au jeu de boules. La reine, ma mère et les dames d'honneur se promènent sur l'étang, et nous... Tenez, je crois qu'on nous a laissé ce petit instant de répit pour babiller un peu.

UNE JEUNE FILLE

Vous croyez, Princesse? Eh bien, moi, j'ai une autre idée. Je me figure qu'on vous prépare encore quelque surprise.

LA PRINCESSE

Quoi donc, mon Dieu! J'ai déjà reçu tant de vœux, tant de présents, tant de baisers, que... n'allez pas penser que je suis une ingrate, au moins?

UNE JEUNE FILLE

Oh! Princesse!...

LA PRINCESSE

Je l'avoue ici... non, rien, rien, ne pourrait plus m'étonner ni me faire plaisir.

LES JEUNES FILLES

Oh! cela dépend, si c'est quelque chose qui ne ressemble à rien de ce que vous avez vu; quelque chose de nouveau.

LA PRINCESSE, curieusement.

Mais quoi? Parlez donc, Agnès! On dirait que vous êtes au courant. C'est peut-être ce que dame Gertrude a caché tout à l'heure.

UNE JEUNE FILLE, regardant les autres..

Mon Dieu! je ne sais rien de plus que les autres, mais ces demoiselles ont entendu comme moi la Reine dire au Roi : « Oui, sire, ce sera pour trois heures. Les bergers et les bergères arriveront dans leur costume de fête pour offrir leurs présents à notre fille et danser devant elle le cotillon champêtre. »

LA PRINCESSE

Vraiment? Oh! mais c'est délicieux! Qu'en pensez-vous, mesdemoiselles? On dit que les bergers et les bergères de ce domaine ont des costumes charmants, des houlettes tout enrubannées, des moutons blancs comme de la neige et que ce sont eux qui ont inspiré les jolis tableaux de M. Watteau. Je ne les avais jamais vus qu'en peinture et nous allons juger si leur portrait a été flatté. Mais toute la cour dansera aussi, j'en suis sûre, pour me faire honneur. Après le cotillon champêtre, je veux demander au roi mon père de me conduire pour exécuter ma jolie gavotte; vous savez, celle que nous avons apprise ensemble et qu'on appelle la Gavotte du roi. Vous me ferez vis-à-vis, Agnès?

UNE DES JEUNES FILLES, écoutant.

Princesse, j'entends la voix de la reine.

LA PRINCESSE

Remettons nos fauteuils en place. Tout le monde va arriver ici.

SCÈNE III

LES MÊMES, LE ROI, LA REINE, LES INVITÉS, LES PAGES

(Le roi et la reine, sans voir les jeunes filles, s'avancent en causant sur le devant de la scène.)

LA REINE, montrant sa fille de loin.

Comme notre fille paraît gaie et heureuse! Qu'elle est belle et grande! Quinze ans! mon Dieu, comme cela a passé vite! Pourtant, pas encore assez vite, à mon gré!... Je voudrais être à demain!

LE ROI

Mais, Madame, vous vous tourmentez toujours? C'est la prédiction de cette méchante fée Grognon qui vous préoccupe. Il ne se passera rien de fâcheux, croyez-moi; voici la journée aux trois quarts écoulée; tout est bien réglé jusqu'au soir. Il faudrait une fatalité extraordinaire pour qu'il arrive malheur à notre chère Désirée.

Vous m'avez dit vous-même que, depuis ma défense, il semblait que les femmes de mon royaume aient oublié ce que c'est qu'un fuseau.... Allons, soyons tout à la fête et rapprochons-nous de notre fille.

(On entend une musique champêtre en sourdine.)

LA REINE, prenant Désirée par la main.

Venez, ma chère enfant, vous asseoir ici, entre le roi et moi.

LE ROI, d'un air surpris.

Tiens! quel est ce bruit de tambourin?

LA PRINCESSE

Voici tous les invités qui reviennent. Que va-t-il se passer?

(La princesse sera assise entre le roi et la reine, les jeunes filles debout derrière elle; à droite et à gauche les invités, seigneurs, dames et pages. La musique se raproche.

SCÈNE IV

LES MÊMES, LE MAJORDOME PANCRACE, BERGERS
ET BERGÈRES, avec une houlette à la main.

LE MAJORDOME, saluant et s'avançant vers la Princesse.

Avec la permission de Sa Majesté le roi Bengali, les bergers et les bergères de ce domaine réclament l'honneur d'offrir leurs vœux et leurs présents à la princesse Désirée ; ils désirent aussi danser en sa présence le cotillon villageois, en usage dans ce pays. (Il salue et se retire.)

(Le cortège des bergers s'avance ainsi : en tête deux bergers avec des flûtes, deux autres avec des tambourins, une petite bergère conduisant un agneau enrubanné de nœuds roses ; une autre avec deux pigeons dans une corbeille, une troisième portera une corbeille d'œufs ; une quatrième, une corbeille de fleurs. La princesse embrassera les bergères, et les présents seront remis tour à tour au majordome. Les bergers et les bergères, deux par deux, en se donnant les bras et en agitant les houlettes, s'avanceront au son de la musique et du tambourin et viendront s'incliner devant la princesse. Puis ils se placeront pour la danse.)

Chœur des Bergers

(Air ; *Mon pèr' m'a donné un mari.*)

LES DANSEURS, aux danseuses.

En avant, flûte et tambourin,
Chantez, dansez, jeunes bergères !
En avant, flûte et tambourin,
Prenez vos jupes de satin.

LES DANSEUSES, aux danseurs.

Dans le cotillon villageois
Montrons-nous vives et légères,
Dans le cotillon villageois
Qui plaît, dit-on, même aux bourgeois.

(Ils exécutent un pas de danse qui sera celui qu'on voudra, même une ronde, si l'on tient à simplifier les choses. Les bergers et les bergères s'arrêteront, et la musique continuant à jouer arrivera à l'air de la Gavotte du roi.)

LA PRINCESSE, frappant des mains.

Bravo ! les jolies bergères ! Mais, à mon tour, je veux danser. (Au roi.) Mon père, pour ma fête, ne danserez-vous pas la Gavotte avec moi ?

LE ROI

Mais si, venez, ma fille. Et je le veux, tout le monde dansera. (Se tournant vers les seigneurs.) Messieurs, invitez vos danseuses.

(Les couples se formeront et les pas de danse alterneront entre le cotillon villageois et la Gavotte du roi. On fera à volonté durer ce tableau. Après la danse, chacun reprendra sa place, et les bergers et bergères défileront devant la cour sur l'air qui avait accompagné leur entrée. Après leur sortie, le roi, la reine et la princesse descendront de leur fauteuil.

LE ROI

Maintenant, liberté à chacun ! Je crois qu'il est temps de rentrer dans nos appartements et de s'habiller pour la représentation de ce soir.

(Le roi sort avec la reine et la princesse. Les autres suivent par groupes.)
(*Musique de sortie.*)

SCÈNE V

LA PRINCESSE SEULE, revenant sur la scène.

LA PRINCESSE

Était-ce joli, mais joli ! cette danse des bergers et des bergères ! Quel dommage que ce soit fini ! Et mon agneau, mes tourterelles ! il faudra qu'on en prenne bien soin. Je les recommanderai à dame Gertrude. Mais, à propos de dame Gertrude, c'est un peu à cause d'elle que je reviens ici, car je suis curieuse, moi, quoique princesse, et je voudrais bien savoir ce qu'elle a caché quand je suis arrivée. Elle a eu beau s'en défendre, j'ai eu le temps de voir son mouvement et son air embarrassé. J'ai envie de faire un tour du côté du pavillon ; puisque tout m'appartient ici, je puis bien y entrer ! (Elle ouvre la porte.) Ah ! dame Gertrude n'y est pas. (Elle cherche, regarde autour d'elle et prend le fuseau; elle court joyeusement sur la scène.) Tiens ! qu'est-ce que c'est que ça ? Il me semble que c'est justement ce qu'elle tenait à la main quand je l'ai aperçue. Il y a du fil... C'est pointu !... A quoi cela peut-il servir ?

SCÈNE VI

LA MÊME, DAME GERTRUDE

DAME GERTRUDE, rentrant précipitamment par le fond du pavillon.

Ciel ! le fuseau ! Princesse, que faites-vous ? Rendez-moi cela !

LA PRINCESSE, se sauvant et riant.

Ah ! non, par exemple, pas avant que vous ne m'ayiez expliqué le mystère qui entoure cet objet. (Elle

gesticule et se perce la main avec le fuseau.) **Ah! mon Dieu !...
je suis blessée... le sang coule...** (Elle tombe évanouie.)

DAME GERTRUDE, consternée, l'étend sur un fauteuil.

Ah ! c'est l'arrêt fatal qui s'accomplit. Quel malheur ! Et dire que c'est ma faute ! Au secours ! au secours ! La Princesse se meurt. Sauvez la Princesse ! Au secours !

SCÈNE VII

LES MÊMES, LE ROI, LA REINE, PANCRACE, LES SEIGNEURS, LES DAMES, LES PAGES, LES MARMITONS, avec la poêle à la main, tous accourant l'air effaré.

LE ROI ET LA REINE, prenant les mains de leur fille étendue sur les genoux de Gertrude.

Désirée ! Désirée ! (A Gertrude.) Comment ce malheur est-il donc arrivé ?

DAME GERTRUDE, se tordant les mains et tombant à genoux.

Grâce, pardonnez-moi. J'avais gardé un fuseau ici, malgré la défense du roi... Je croyais l'avoir bien caché...

PANCRACE

Malheureuse ! vous avez donc tous les défauts ! Je vous croyais seulement bavarde et vaniteuse... Allez !... Pancrace vous maudit !...

7.

SCÈNE VIII

LES MÊMES, LA FÉE AURORE, apparaissant tout à coup.

LA FÉE AURORE

Consolez-vous, roi et reine, votre fille n'est pas morte. L'arrêt des fées devait s'accomplir. Comme je vous l'ai dit à sa naissance, la princesse va dormir pendant cent ans, jusqu'au jour où le Prince Charmant, destiné à être son époux, viendra la réveiller. Sire, veuillez donner des ordres pour que votre fille soit transportée sur un lit de parade, dans la plus belle chambre du château.

LA REINE

Mais, alors, à son réveil, elle sera isolée, seule au monde ! Elle ne reconnaîtra plus aucun visage !

LA FÉE

Rassurez-vous, Madame, mon pouvoir me permet d'endormir avec elle tout ce qui est à son service : gens et bêtes. Malheureusement ce pouvoir s'arrête là, car il concerne spécialement ma filleule. En dehors d'elle, je ne puis changer la marche des événements de la vie. Usez donc largement de cette facilité et faites monter autour d'elle des officiers, des gardes, ses filles d'honneur, tous ses serviteurs les plus dévoués, tout ce qu'elle aimait...

LA REINE, d'une voix dolente et interrompant la fée.

Son agneau blanc, ses tourterelles !...

LA FÉE

Oui, tout ce qui lui fera plaisir et qu'elle retrouvera à son réveil. Je vais, d'un coup de baguette, endormir tout ce monde, bêtes et gens, je le répète, et après un sommeil de cent ans, ils se réveilleront en même temps que la princesse.

LE ROI

Pancrace, mon fidèle majordome, ne manquez pas de vous placer parmi les serviteurs de la princesse.

DAME GERTRUDE, s'avançant.

Et moi, Madame la Fée, ne m'endormirez-vous pas avec mon cher époux ?

(Pancrace fait un geste de dénégation.)

LA FÉE AURORE

Non ! non ! vous resterez éveillée... et vous vivrez assez longtemps pour assister à la suite des événements.

DAME GERTRUDE, gémissant.

Mais alors, je vieillirai et Pancrace restera jeune et beau ! J'aurai plus de cent ans quand il se réveillera, il ne me reconnaîtra plus...

LA FÉE

Vous avez désobéi, ce sera votre punition (Au roi.) Sire, et vous, Madame, soyez rassurés sur l'avenir de votre fille. (S'avançant vers le roi.) Dans cent ans, elle se réveillera pour être la plus heureuse princesse du monde.

(*Musique de baisser de rideau.*)

(Le roi et la reine tombent assis en pleurant; Gertrude à genoux s'arrache les cheveux. La fée fait un signe, et tous les serviteurs entourent la princesse qu'on fait mine d'emporter.)

(*La toile se baisse*).

FIN DU TROISIÈME ACTE

QUATRIÈME ACTE

SCÈNE PREMIÈRE

DAME GERTRUDE, très vieille, très cassée, portant un grand manteau qui recouvre son costume, une perruque et des lunettes ; elle marche appuyée sur une canne.

La scène représente la lisière d'une forêt. Dans le lointain, on apercevra les tourelles d'un vieux château.

DAME GERTRUDE, apparaissant derrière un chêne.

Quelle triste existence ! Que je suis lasse ! Les cent ans pendant lesquels la princesse doit dormir ne finiront donc jamais ! je suis seule et si vieille, si vieille que personne ne me reconnaît plus. (Elle pose son menton sur ses deux mains appuyées sur sa canne et paraît réfléchir.) Et Pancrace, qui dort aussi dans ce château par ordre de la fée, que dira-t-il en me voyant ainsi, moi qu'on appelait Gertrude la belle ?... il ne voudra plus me regarder... Hélas ! c'est ma désobéissance qui est cause de tout... (Elle chante.)

(Air : *Combien j'ai douce souvenance.*)

Premier Couplet

Il me souvient du beau domaine
Où j'étais presque châtelaine,
Je vivais auprès d'un époux
    Sans peine.
C'était alors un temps bien doux
    Pour nous.

Deuxième Couplet

Mais aujourd'hui sous un vieux chêne
J'attends qu'une voix souveraine
Vienne briser de tristes jours
    La chaîne,
Ou bien me rendre mes amours
    Toujours.

L'heure va sonner bientôt où le Prince Charmant doit venir, et les événements prédits s'accompliront... Ah! si la fée Aurore voulait me rendre la jeunesse! Mon cher Pancrace me pardonnerait peut-être? Mais j'entends marcher... Ciel! j'aperçois un plumet, un toquet... Si c'était lui? Je ne veux pas qu'il me voie tout de suite... Ce tronc d'arbre va me cacher.

              (Elle se cache derrière un tronc.)

SCÈNE II

LE PRINCE CHARMANT, se montrant avec un mousquet sur l'épaule.

LE PRINCE CHARMANT, regardant au loin.

Tiens! c'est extraordinaire : tout à l'heure j'avais cru voir les tourelles d'un château et voilà qu'elles ont disparu!... Pour essayer de les retrouver je me suis éloigné de mes compagnons de chasse et me voici égaré dans un sentier isolé... Que je suis donc étourdi ! Comment sortir de là ?... Si l'on apprend mon aventure à la Cour, on rira bien du Prince Charmant, qui au lieu de gibier s'est mis dans la tête de poursuivre les tourelles de quelque donjon en ruine. (Regardant autour de lui.) Voyons ! est-ce que je ne découvrirai pas une seule créature vivante qui puisse me remettre sur le bon chemin ?... Personne !... Ah ! qui est-ce qui remue donc là derrière ce chêne énorme ?...

SCÈNE III.

LE PRINCE CHARMANT, DAME GERTRUDE

LE PRINCE, armant son mousquet.

De la prudence ! Qui va là ?

DAME GERTRUDE, d'une voix cassée et chevrotante

Ne tirez pas, Prince, ne tirez pas.

LE PRINCE CHARMANT, avec étonnement.

Oh! quelle singulière femme! le drôle de costume! on dirait celui de mon arrière-grand'mère! mais, comme elle paraît vieille!... Elle a au moins cent ans! Madame! Madame! (A part.) Elle doit être sourde.

DAME GERTRUDE, se retournant lentement avec la même voix.

Sourde, non! pour mon malheur, car j'ai entendu vos aimables compliments! C'est égal, je ne vous en veux pas!... Il y a si longtemps que je vous attendais!

LE PRINCE CHARMANT.

Comment, vous m'attendiez? C'est par le plus grand des hasards que je suis ici pourtant!

DAME GERTRUDE.

Vous vous trompez, Prince; car, aussi vrai que vous vous appelez le prince Charmant... vous voyez que je vous connais! aussi vrai que j'ai plus de cent ans, c'est par l'ordre d'une fée que vous êtes ici, et (Branlant la tête.) vous pouvez en croire ma vieille expérience, tout ce qu'une fée ordonne arrive fatalement.

LE PRINCE CHARMANT.

Quelle histoire me faites-vous donc là? Pour mieux distinguer les tourelles d'un château que j'avais cru apercevoir à travers les arbres, je me suis égaré et, quand je vous ai aperçue, j'allais tout bonnement vous demander mon chemin. Quand au château, n'y pensons plus, il est temps que je retourne avec mes compagnons de chasse... On va s'inquiéter de mon absence.

DAME GERTRUDE, branlant la tête.

Ah! Jeunesse! Jeunesse! Étourderie!... Folie! Prince, écoutez-moi. Le château que vous avez cru voir, il existe. Tenez, montez sur ce vieux tronc, derrière ce chêne qui m'abrite habituellement ; de là, vous le verrez en entier.

LE PRINCE CHARMANT, rentrant dans la coulisse.

Oh! mais, c'est vrai! Je l'aperçois! il est superbe, mais il paraît bien vieux?

(Il revient sur la scène.)

DAME GERTRUDE

Il l'est en effet, car il existait déjà depuis longtemps à l'époque où j'étais jeune. Ce château, Prince, comme vous le voyez, est entouré d'immenses forêts, tellement impénétrables, que depuis un siècle personne n'a pu s'en approcher. Et puis, écoutez bien : au milieu du château, dans la chambre d'honneur, une jeune princesse, merveilleusement belle, dort depuis cent ans. Pour la soustraire au sort fatal dont elle était menacée, une fée puissante, sa marraine, la fée Aurore, l'a endormie en annonçant qu'au bout de cent ans elle serait réveillée par le Prince Charmant. Prince, vous voyez, vous étiez attendu !

LE PRINCE CHARMANT, très agité.

La fée Aurore ! Ciel ! Mais la preuve ! la preuve que ce que vous dites est vrai ? Et qui êtes-vous pour être au courant de ces choses extraordinaires ?

DAME GERTRUDE.

Qui je suis?... Je suis dame Gertrude, la femme du grand majordome Pancrace, jadis au service du père de la Princesse. La preuve ! c'est que je vais retrouver mon époux parmi les serviteurs endormis autour de celle que vous devez réveiller... La preuve encore, tenez ! (la musique joue en sourdine l'air : *Frère Jacques*) — et ceci annonce que la fée Aurore n'est pas loin... — voyez les arbres qui s'écartent, à mesure que vous avancez. Le château apparaît tout entier ! Allez, Prince, par la grande entrée !... La vieille Gertrude vous suivra... Oh ! Pancrace ! je vais donc te revoir !

LE PRINCE.

Ah ! dois-je en croire mes yeux ! Les obstacles disparaissent devant moi. (Joignant les mains.) Fée Aurore, soyez bénie ! Quel heureux destin que le mien ! (Levant son toquet.

Et vous, belle Princesse, qui dormez derrière ces tourelles, le Prince Charmant vous salue!...

(La scène qui précède se passera tout à fait sur le devant de la scène. Un changement à vue montrera le fond de la scène représentant une chambre à coucher de la Princesse endormie. Grand lit à colonnes. La Princesse étendue sur le lit, endormie. Autour du lit les demoiselles d'honneur endormies sur des fauteuils. Deux pages endormis. Officiers et gardes endormis à l'entrée de la pièce. Pancraco' endormi dans l'embrasure d'une fenêtre. Au pied du lit les tourterelles et l'agneau. Petits marmitons, tenant l'un une assiette de gâteaux, l'autre une poêle. La musique continue en sourdine l'air de *Frère Jacques*.

SCÈNE IV

LA PRINCESSE DÉSIRÉE, LE PRINCE CHARMANT, DAME GERTRUDE, PANCRACE, LES DEMOISELLES D'HONNEUR, PAGES, OFFICIERS, GARDES, MARMITONS, etc.

LE PRINCE CHARMANT, son toquet à la main,
s'arrête à quelque distance.

Quelle merveilleuse apparition! Je n'ose approcher! Fée Aurore, inspirez-moi!... (Il s'approche et chante.)

(Air : *Frère Jacques, dormez-vous ?*)

Belle dame (*Bis*), dormez-vous? (*Bis*)
    Que le charme cesse,
    O chère princesse!
Levez-vous! Levez-vous!

(La Princesse se soulèvera lentement et restera assise sur son séant en regardant autour d'elle d'un air surpris pendant que le chœur reprendra le couplet en canon. Pancrace, les demoiselles d'honneur, tous les serviteurs, se réveillant à demi, reprennent le couplet avec le Prince.)

LE PRINCE CHARMANT

Belle dame (*Bis en chœur*).
Dormez-vous? (*Bis en chœur*).
Que le charme cesse.

LE CHOEUR

O chère princesse!

LE PRINCE

Levez-vous!

LE CHOEUR

Levons-nous!

(Ils se réveillent tout à fait et se lèvent.)

LA PRINCESSE, d'une voix douce pendant que la musique joue en sourdine.

Oh! il me semble que j'ai dormi bien longtemps! (Au Prince Charmant.) Prince, c'est vous! je vous attendais! Ma marraine m'avait dit que vous deviez venir. (Joignant les mains.) Oh! ma chère marraine!

(Chantant.)

Fée Aurore (*Bis*), c'est à vous (*Bis*)
Que mon cœur s'adresse;
En votre tendresse
Gardez-nous (*Bis*).

LE PRINCE

Fée Aurore! (*Bis en chœur*).
C'est à vous (*Bis en chœur*).

LE PRINCE

Que son cœur s'adresse.

LE CHOEUR

En votre tendresse,

LE PRINCE

Gardez-nous!

LE CHOEUR

Gardez-nous!

SCÈNE V

LES MÊMES, LA FÉE AURORE, apparaissant dans un angle de la chambre.

LA FÉE AURORE, levant sa baguette.

Levez-vous, Princesse Désirée! (Se tournant vers le Prince Charmant.) Prince Charmant, votre mission est accomplie! Vous m'avez appelée tous les deux; je viens encore une fois vous apporter les dons de ma puissance pour vous assurer de longs jours de bonheur. Ma chère filleule et vous, cher prince, avez-vous quelque chose à me demander?

LA PRINCESSE, regardant autour d'elle.

O ma Marraine! que puis-je demander? Je ne vois autour de moi que des visages aimés : ceux de mes jeunes compagnes, de mes fidèles serviteurs!... Voilà mon joli mouton! (Elle lui fait une caresse.) Voilà mes tourterelles! mais pourquoi donc ceux que j'aime le plus, mon père et ma mère, ne sont-ils pas là?

LA FÉE AURORE

Princesse, l'arrêt des fées qui vous a fait dormir cent ans ne pouvait empêcher vos parents de suivre le cours ordinaire de la vie. Ils ont vécu le temps qu'avait marqué pour eux la destinée. Il vous ont laissé le souvenir de leurs vertus ainsi que la gloire et l'honneur de leur nom. Autant votre visage rappelle leurs traits aimables. autant votre cœur imitera leurs exemples de bonté, de justice. C'est d'ailleurs, aujourd'hui, le souhait de votre marraine.

LA PRINCESSE

Merci, fée Aurore! votre filleule n'oubliera jamais vos bienfaits.

PANCRACE, un petit marmiton entre et lui parle tout bas.

Madame la Princesse est servie!

LA PRINCESSE

Oh! ma chère Marraine, vous avez donc pensé à tout! J'espère que vous voudrez bien présider cette petite collation, que le Prince Charmant (se tournant vers lui) ne refusera sans doute pas de partager avec nous?

LE PRINCE CHARMANT, s'inclinant.

Avec reconnaissance, Princesse!

(Il lui offre son bras pour sortir. La fée passe devant et sort.
Les demoiselles d'honneur suivent.)

PANCRACE, aux officiers, gardes, pages, marmitons.

Allons que chacun fasse ses préparatifs de départ, car nous suivrons tous la Princesse dans le royaume du Prince Charmant.

(Ils sortent tous, sauf un page. — *Musique de sortie.*)

GERTRUDE, arrêtant Pancrace au moment où il va les suivre;
elle le tire par son habit.

Et moi, cher Pancrace?... Pancrace!...

PANCRACE, se retournant fait un mouvement en arrière.

Qui a prononcé mon nom? Quelle est cette vieille sorcière?

GERTRUDE

Je suis dame Gertrude, votre femme!

PANCRACE, levant les bras au ciel.

Ma femme!

LE PAGE

Oh! dame Gertrude ne vous ressemblait guère, vraiment!

DAME GERTRUDE, se tournant vers Pancrace
et chantant d'une voix cassée.

(Air : *M. et Mme Denis.*)

Premier Couplet.

Jadis, pourtant, votre cœur
Était pour moi plein d'ardeur,
Mais, hélas! cet heureux temps
  Est vieux de cent ans (*bis*).
Pourquoi donc nos plus beaux jours
  Ne durent-ils pas toujours?

Deuxième Couplet.

PANCRACE, chantant.

Ma femme est bien morte, hélas!
Et je ne vous connais pas.
Elle aurait depuis longtemps
  Dépassé cent ans (*bis*).
Je n'aimais pas ses discours,
Car elle parlait toujours!

Troisième Couplet.

GERTRUDE

Vous souvient-il du gâteau,
Qu'elle vous fit au château?
Vous aimiez bien ses présents,
　Dans un autre temps (*bis*).
Elle avait de beaux atours,
Que vous admiriez toujours.

Quatrième Couplet.

PANCRACE

C'est un souvenir lointain,
Je n'en suis pas très certain.
Que m'importe le vieux temps,
　Puisque j'ai vingt ans! (*bis*).
Quand à vous, oh! sans détours,
Vous serez vieille toujours.

SCÈNE VI

LES MÊMES, LA FÉE AURORE, LE PRINCE, LA PRINCESSE.

(Ces derniers se montrent à la fin du couplet de Gertrude.)

LA PRINCESSE, joignant les mains.

Pauvre Gertrude! Elle a été bien punie de sa désobéissance. O ma Marraine! est-ce que vous ne pourriez changer sa vieille figure, ses vieux habits? Est-ce que vous ne pourriez pas faire revenir la Gertrude d'autrefois?

LA FÉE

Si, je peux rendre la jeunesse à ceux dont la vie a été prolongée comme celle de cette femme, mais c'est à la condition qu'aucune volonté ne s'y oppose. Pancrace, parlez! Désirez-vous voir revenir votre femme Gertrude? Par ma baguette je puis vous la rendre telle que vous l'avez connue autrefois?

PANCRACE

Mon Dieu!... bavarde aussi?

GERTRUDE, joignant les mains.

Pancrace, ne soyez pas trop dur pour votre fidèle Gertrude.

PANCRACE

A condition qu'elle retienne sa langue, je veux bien, Madame la Fée!

GERTRUDE

Oh! je le promets ni bavarde, ni désobéissante.

LA FÉE AURORE, touchant Gertrude de sa baguette.

(A la Princesse.) Alors, princesse, vous allez être satisfaite. Gertrude, femme de Pancrace, par la vertu de ma baguette, je veux qu'à l'instant vous vous retrouviez avec le visage et les habits que vous aviez, il y a cent ans.

(Gertrude laissera tomber son manteau, sa perruque et apparaîtra avec son costume de l'acte précédent.)

PANCRACE, levant les mains au ciel.

C'est elle! Mais c'est elle-même! Bonjour Gertrude!

GERTRUDE, l'air stupéfait, se regarde, s'examine. palpe ses vêtements.

C'est moi! C'est bien moi! C'est-à-dire la Gertrude d'il y a cent ans. Voilà ma robe gros vert (touchant sa coiffure), mes barbes de dentelle! (Touchant sa jupe.) Mon vertugadin! Je me sens toute légère! J'ai envie de courir! J'ai vingt ans comme Pancrace! Oh! Madame la Fée! merci!

(Elle tombe à genoux devant la fée Aurore.)

LA FÉE AURORE

Bien! bien! Gertrude, suivez votre mari et allez maintenant remplir votre office avec les autres serviteurs du château.

(On entend la musique.)

LA PRINCESSE

Tiens! quelle est donc cette musique joyeuse!... Écoutez!

PANCRACE, s'avançant.

Madame la Princesse, le bruit de votre réveil s'est répandu à dix lieues à la ronde. Les petits-enfants des bergers et des bergères qui avaient dansé devant vous, le jour de vos quinze ans, mais qui n'ont pas été endormis comme les gens du château, ces petits enfants devenus bergers et bergères, à leur tour, demandent à se joindre aux autres serviteurs pour venir vous présenter l'hommage de leur respect et de leur fidélité. Tous, Madame la Princesse, réclament le bonheur de vous suivre dans le royaume du Prince Charmant.

LA PRINCESSE, au Prince.

Prince, je vais vous les présenter. (A Pancrace.) Ouvrez les portes, Pancrace, et faites entrer nos bons serviteurs.

(La fée se placera entre le Prince et la Princesse, au centre. Les demoiselles d'honneur à la gauche de la Princesse. Gertrude restera de côté pour se joindre, à un moment donné, à son mari. La musique continuera. Un officier marchera en tête du cortège portant une bannière aux armes de la Princesse! Quatre gardes suivront. Un autre officier avec une bannière aux armes du prince Charmant, escorté par quatre gardes; puis les demoiselles d'honneur. Pancrace suivra, portant sur un coussin les clefs du château. Gertrude suivra, puis les pages, les bergers et bergères avec leurs houlettes, deux bergères tenant, l'une l'agneau, l'autre les tourterelles; puis les cuisiniers et marmitons. Tous ces groupes se placeront sur les côtés, de façon à former un tableau.

TOUS LES SERVITEURS, les hommes agiteront leurs chapeaux en l'air.

Chœur

(Air : *A la Gavotte*.)

A la Princesse. Honneur et gloire à l'aimable Princesse!
Au Prince. Honneur et gloire à vous, Prince Charmant!
En cet instant, nous faisons la promesse
De vous servir toujours en vous aimant.

LE PRINCE CHARMANT, aux serviteurs.

Venez avec nous;
Formez notre cortège.

LA PRINCESSE, montrant la Fée.

Celle qui protège
Nous conduira tous.

Chœur

Honneur et gloire à l'aimable Princesse, etc., etc.

LA PRINCESSE, au public.

Écoutez-bien, petits enfants, la morale de cette histoire : « Ne soyez jamais bavards, curieux, ni désobéissants, vous pourriez vous en repentir. »

DAME GERTRUDE, s'avançant.

Et puis, vous n'auriez pas, comme nous, une fée pour

8.

réparer le mal, car les fées n'existent que dans les contes, et celui de la Belle au Bois Dormant est fini.

LA FÉE AURORE, s'avançant.

Mais souvenez-vous, chers enfants, que s'il n'y a des fées que dans les contes, il y a pour vous conduire dans la vie un père et une mère qui vous aiment et dont l'amour est autrement puissant que la baguette de la fée Aurore.

TOUS LES SERVITEURS, agitant leurs chapeaux et poussant des vivats.

Reprise du chœur

Honneur et gloire à l'aimable Princesse!
Honneur et gloire à vous, Prince Charmant!
En cet instant nous faisons la promesse
De vous servir toujours en vous aimant.

(*La toile se baisse*).

FIN

LE PETIT CHAPERON-ROUGE

PERSONNAGES

CHAPERON-ROUGE.

LA MÈRE DE CHAPERON-ROUGE.

LE BRIGAND LOUP.

MÈRE-GRAND.

TONY, petit compagnon de Chaperon-Rouge.

LE GARDE CHAMPÊTRE.

MATHURINE, BABET, paysannes.

COLAS, JEAN-PIERRE, paysans.

Grand Veneur, Chasseurs, Piqueurs, Paysans, Paysannes, Brigands, Danseurs, Enfants (petits garçons et petites filles).

SOMMAIRE DES MORCEAUX (1)

N° 1. — OUVERTURE.
N° 2. — *On entend tout à coup* (chœur des paysans).
N° 3. — *Nous allons chasser à la ronde* (chœur des chasseurs).
N° 4. — ENTR'ACTE.
N° 5. — *A Mère-Grand porte cette galette.*
N° 6. — ENTR'ACTE.
N° 7. — *J'aurai ce beau papillon.*
N° 8. — *Allons, belle fillette.*
N° 9. — *En avant! les gens de la noce* (chœur des danseurs).
N° 10. — *Voyons, belle voisine.*
N° 11. — *Air de danse.*
N° 12. — ENTR'ACTE.
N° 13. — *Je voudrais voir ma mignonnette* (berceuse).
N° 14. — *Pauvre petite amie.*
N° 15. — *Nous avons forcé la tanière* (chœur des chasseurs).
N° 16. — *Mes enfants, pour finir.*

(1) La partition orchestrée du **Petit Chaperon-Rouge** se trouve chez PINATEL, Éditeur, 10, faubourg Poissonnière, Paris.

INDICATION DES COSTUMES

Chaperon-Rouge, avec jupe rouge, corselet lacé et chemisette blanche; tablier de mousseline; petit chapeau de forme ronde, de soie ou de velours rouge, posé légèrement de côté.

La Mère : Jupon bleu; casaquin rayé rouge et blanc.

Le Brigand Loup : Costume rouge; culotte, veste et bas; une peau de loup en guise de manteau.

Mère-Grand : Bonnet à tuyaux de dentelle, garni d'une fontange; un châle ou mantelet à ramages.

Tony : Culotte de laine blanche; bas rayés bleu et blanc; veste bleu clair; chapeau de feutre gris.

Le Garde Champêtre : Uniforme; culotte et guêtres, tricorne, tambour et baguettes.

Grand Veneur : Élégant costume de chasse Louis XV.

Chasseurs : Costumes dans le genre du précédent.

Piqueurs : Costumes de drap vert avec tricornes.

Les Paysannes seront habillées en jupes courtes à rayures de couleur; les unes porteront un casaquin de couleur, rayé; les autres, un petit corselet avec chemisette blanche à manches bouffantes; grands bonnets de Cauchoise avec barbes de dentelle; bas de couleur; souliers à boucle.

Les Paysans, avec culottes courtes, bas de laine; jaquettes demi-longues de couleurs variées : marron, gros bleu, grenat, etc., etc.; grands chapeaux de feutre noir.

Les Enfants, avec longs sarraux et petits béguins de couleur; une collerette blanche.

Danseurs et Danseuses : Les paysans rempliront les rôles de danseurs, si l'on veut; on pourra en augmenter le nombre à volonté. — Costumes du même genre, mais plus riches que ceux des paysans. Les hommes avec fleurs et rubans au chapeau, les femmes au côté. — Un groupe figurera le marié et la mariée.

Le Marié : Culotte nankin; gilet blanc à fleurs; bas blancs et roses, rayés; souliers à boucle; chapeau garni de rubans; grand col de chemise à la Collin; habit bleu de roi.

La Mariée : Robe blanche même forme que les précédentes, avec bonnet très élevé; rubans et fleurs au côté.

LE
Petit Chaperon-Rouge

Saynète-Opérette en quatre actes

La scène représente une place de village. Sur un des côtés, la chaumière de Chaperon-Rouge; quelques femmes assises sur leur porte. — A l'arrivée du garde champêtre, on verra accourir des paysans, des paysannes, des enfants, qui formeront un cercle autour de lui.

PREMIER ACTE

SCÈNE PREMIÈRE

LE GARDE CHAMPÊTRE, MATHURINE, BABET, COLAS, JEAN-PIERRE, CHAPERON-ROUGE, LA MÈRE DE CHAPERON-ROUGE, Paysans, Paysannes, Enfants.

LE GARDE CHAMPÊTRE débouche sur la place
en battant du tambour.

Au nom de Monsieur le Grand Veneur, habitants de ce village, écoutez bien ce qui suit :
« Un terrible brigand, qui se fait appeler *le Loup*, rôde aux alentours.

« Gardez vos enfants dans vos maisons, ne les laissez pas aller au bois, car ils pourraient le rencontrer et seraient dévorés.

« Voici le signalement du brigand en question : il est habillé de rouge et porte sur le dos une peau de loup, ce qui lui a fait donner le nom du terrible animal.

« Ainsi, habitants de ce village, vous êtes avertis : gardez bien vos enfants chez vous et gare au loup !

« Aujourd'hui même, le Grand Veneur et sa suite vont faire une battue dans le pays afin de vous débarrasser d'un pareil fléau. Prenez vos pelles et vos fourches et que tous ceux qui sont braves suivent la chasse.

« Une grosse récompense sera donnée à quiconque rapportera le Brigand Loup mort ou vif. » (Un roulement de tambour terminera la lecture de l'avis et accompagnera la sortie du garde champêtre.)

(Deux paysannes, un enfant à la main, s'avançant vers deux paysans.)

MATHURINE

Avez-vous entendu ? Seigneur Jésus ! j'en ai la chair de poule !

BABET

C'est-y vraiment possible ? Dites, père Colas, et toi, Jean-Pierre, qui vas au bois si souvent, est-ce que tu aurais vu un brin d'oreille de ce Brigand Loup ?

JEAN-PIERRE

Je crois bien que je l'ai vu !... Un soir la lune donnait ; je passais le long du mur du vieux couvent. Voilà que j'ai aperçu une ombre de grandes oreilles. Il m'a pris un étouffement que j'ai cru que j'allais mourir. Enfin le bon Dieu a voulu que je retrouve mes jambes, et j'ai couru, tant et tant, que je suis arrivé chez nous trempé comme une soupe. Ma femme a tordu ma chemise, qui était quasi comme sortant de la lessive ; il a fallu trois jours pour la sécher.

MATHURINE

En voilà t'y un malheur, d'avoir une bête, non, un homme, qui est plus méchant qu'une bête, tout près de notre village !

PÈRE COLAS

Allons ! allons ! faut pas se faire de mauvais sang ! Les gas de chez nous vont suivre Monsieur le Grand Veneur et on viendra bien à bout de ce brigand-là.

JEAN-PIERRE

Dieu vous entende, père Colas ! Mais j'ai une frayeur qu'avant qu'on l'attrape il ne vienne à nous prendre quelque fille du village. Tenez, j'ai comme un pressentiment qu'il lui faudra la plus jolie.

BABET

Oh Dieu! Chaperon-Rouge, alors! Vous savez, celle qu'on appelle comme ça à cause du petit chaperon rouge que ses parents lui ont fait faire et qui va si gentiment à ses cheveux blonds...

MATHURINE

Et justement, la voilà, la mignonne.. (Elle va au-devant et caresse la joue de l'enfant.) Bonjour, Chaperon-Rouge, bonjour, mon enfant! (Aux paysans.) Il faudra bien veiller sur elle. Approchez, les amis!

(Tous les paysans et paysannes s'avancent sur la scène. Les premiers qui avaient parlé: Colas, Mathurine et Babet, se mettent sur un des côtés; Jean-Pierre ira se placer auprès de Chaperon-Rouge, sur l'autre côté, très en évidence.)

COLAS

Faut pas se séparer, mes enfants; quand il y a un danger, l'union fait la force! Qu'est-ce que vous en dites?

JEAN-PIERRE

Moi, je dis que je n'ai pas peur... avec les camarades... mais tout seul, brrr!... mon cœur fait tic toc bien vite!...

CHAPERON-ROUGE

C'est drôle, tout le monde me regarde ; pourquoi donc ?

MATHURINE

Tû crois ?... C'est qu'avec ce Brigand Loup on n'aime pas à voir des enfants dehors.

PAYSANS, PAYSANNES

Chœur

(Air : *Maman, les p'tits bateaux.*)

On entend tout à coup
  Hurler le loup
  Dans le bois sombre ;
On voit briller dans l'ombre
  L'œil noir louchant
  De ce méchant.

MATHURINE, à Chaperon-Rouge.

Premier Couplet

Reste dans le village,
Mon enfant, sois bien sage ;
Ne va jamais là-bas :
Le loup suivrait tes pas.

Chœur

On entend tout à coup, etc., etc.

JEAN-PIERRE, à Chaperon-Rouge.

Deuxième Couplet

Garde-toi bien, fillette,
Pour cueillir la noisette,
De l'approcher du bois,
Même une seule fois.

Chœur

On entend tout à coup, etc., etc.

SCÈNE II

LES MÊMES, LE GARDE CHAMPÊTRE, LE GRAND VENEUR, CHASSEURS ET PIQUEURS.

(On entend un air de chasse.)

LE GARDE CHAMPÊTRE, accourant.

Place, place! rangez-vous, voici M. le Grand Veneur et les chasseurs!

(Les paysans et paysannes se retirent devant leurs portes et soulèvent leurs chapeaux à l'apparition du cortège qui défilera assez lentement. — En tête, M. le Grand Veneur. — A la suite, les chasseurs portant fusils et gibecières, piqueurs sonnant du cor.)

(Air : *Allons, chasseur, vite en campagne!*)

Chœur des Chasseurs

Nous allons chasser à la ronde
Le loup, fléau de ce canton,
Ton ton, ton ton, tontaine, ton ton !
Qu'à notre appel chacun réponde ;
Prenez la fourche et le bâton,
Ton ton, tontaine, ton ton ! (*Bis.*)

(Les paysans rentrent précipitamment chez eux et ressortiront aussitôt armés de pioches, de pelles, de fourches ; ils se joindront au cortège en reprenant le chœur avec les femmes restées en arrière.)

Deuxième Couplet

Nous voulons forcer la tanière
Du Brigand Loup, de ce glouton,
Ton ton, ton ton, tontaine, ton ton !
Nous aurons sa dépouille entière ;
Ah ! quel beau coup de mousqueton,
Ton ton, tontaine, ton ton ! (*Bis.*)

(Tout le cortège défile sur la scène. — Les femmes et les enfants agitent leurs mouchoirs en signe d'adieu.)

(*La toile se baisse.*)

ACTE II

SCÈNE PREMIÈRE

LA MÈRE, CHAPERON-ROUGE.

(La scène représente une cuisine. Grand bahut avec assiettes de couleur. Un pétrin. Une cheminée. — La mère de Chaperon-Rouge est occupée à confectionner des galettes. Chaperon-Rouge la regarde faire; la petite fille est en cheveux, son chaperon rouge est suspendu au mur.)

LA MÈRE, montrant une galette.

Tiens! elle a très bonne mine, la galette, elle est tout à fait dorée. Je suis sûre qu'elle sera excellente. Qu'en dis-tu, ma fille?

CHAPERON-ROUGE, riant.

Oh! moi, maman, je dis que je la mangerais de grand cœur, si vous vouliez me la donner.

LA MÈRE

Nous verrons! nous verrons! Tu y goûteras peut-être, mais la manger tout entière, nenni, ma fille, le morceau est trop gros. Va me chercher le pot de beurre qui est au fond de la huche.

CHAPERON-ROUGE, apportant le pot de beurre.

Voilà, ma mère ! Qu'allez-vous en faire ?

LA MÈRE, couvrant le pot de beurre de papier et l'attachant avec une ficelle.

Attends, laisse-moi finir. Là, écoute maintenant, mon enfant, j'ai quelque chose à te dire.

(On frappe à la porte.)

CHAPERON-ROUGE.

J'ai entendu frapper.

LA MÈRE.

Entrez !

CHAPERON-ROUGE.

Ah ! c'est Tony !

SCÈNE II

LES MÊMES, TONY.

TONY, saluant.

Bonjour, Madame ! Bonjour, Chaperon-Rouge ! (Flairant autour de lui). Oh ! que ça sent bon ici ! Ça sent la galette !

LA MÈRE.

Gourmand, va! Tu savais que c'est le jour où je mets au four, c'est pour ça que tu es venu?

TONY.

Je suis peut-être bien venu un peu pour ça, mais je suis venu aussi pour chercher Chaperon-Rouge. Tous les enfants s'amusent sur la place et moi je ne sais pas m'amuser sans elle. Viens-tu, Chaperon-Rouge?

CHAPERON-ROUGE.

Oh! oui, n'est-ce pas, maman? Nous jouerons à la *Tour prends garde*, comme hier. Tu seras le Roi et moi la Tour. Les autres seront les Gardes. Partons. (Elle va lui prendre la main.)

LA MÈRE, l'arrêtant.

Non, non, mon enfant. Tu ne peux aller jouer avec Tony aujourd'hui. Ce sera pour une autre fois. Il faut que je t'envoie chez ta Mère-Grand qui est malade, bien malade.

CHAPERON-ROUGE.

Oh! ma pauvre Mère-Grand! Depuis quand est-elle malade? Vous ne me l'aviez pas dit, maman?

LA MÈRE.

Il y a déjà plusieurs jours, et même elle a demandé à te voir. Mais cette vilaine histoire du Brigand Loup m'a fait si peur que jusqu'à présent je n'avais pu me décider à te laisser partir.

TONY.

Oh! nous allons en être débarrassés, puisqu'on va lui donner la chasse aujourd'hui! J'espère bien qu'il sera pris et pendu, le coquin!

CHAPERON-ROUGE, l'air pensif.

Ma pauvre Mère-Grand, il y a longtemps que je ne l'ai pas vue! Elle ne me reconnaîtra plus, car j'ai beaucoup grandi depuis la dernière fois que nous y sommes allées pour sa fête. Vous vous en souvenez, maman? Tu vois, Tony, c'est ce jour-là qu'elle m'a donné (Montrant son chaperon.) ce beau petit chaperon tout rouge qui fait envie à toutes les filles du village. Oh! j'ai beaucoup de chagrin de penser qu'elle est malade.

LA MÈRE.

Ta visite lui fera du bien, mon enfant. (Allant chercher la galette et le pot de beurre.) Tiens, prends ceci pour elle. Tu lui diras : « Bonjour, Mère-Grand, voici une galette et

9.

un pot de beurre que maman vous envoie ! » Tu iras tout droit par le chemin le plus court, sans t'arrêter...

CHAPERON-ROUGE, interrompant sa mère.

Oh ! maman ! il y a de si jolies fleurs sur la route, je pourrai bien cueillir un petit bouquet ?

LA MÈRE.

Non, ma fille, non, tu laisseras les fleurs, cela te retarderait.

CHAPERON-ROUGE, pleurant presque.

Et si j'aperçois des papillons, de belles demoiselles avec des ailes bleues ou vertes !... Et s'il y a des fraises au bord du chemin ?

LA MÈRE.

Tu ne t'arrêteras pas davantage, tu te souviendras de ma défense. Je veux éviter que tu fasses de mauvaises rencontres. C'est pour cela qu'il faudra te hâter. (Allant à la fenêtre.) Tiens ! regarde, au loin, cette petite maison blanche en haut de la colline. La route qui traverse le village y conduit. Tu ne t'approcheras pas de la forêt qui est à droite, le terrible Loup s'y tient dans sa caverne, avec les autres brigands ses compagnons; il s'apercevrait bien vite de ta présence, car son œil qui louche voit, dit-on, de très loin et son oreille est fine. Prends bien garde !

CHAPERON-ROUGE.

Oh! oui, maman!

LA MÈRE

Et si, malgré toutes ces précautions, tu avais le malheur de le rencontrer, cours alors de toute la vitesse de tes jambes, sans lui parler, sans l'écouter: c'est un rusé. On m'a raconté qu'il a déjà pris plusieurs petites filles en les trompant par des paroles mielleuses, par des compliments qu'elles ont eu le tort de croire et d'écouter. Ne fais pas comme elles, rappelle-toi les conseils de ta mère et reviens au plus tôt dès que ta commission sera faite, tu m'entends?

CHAPERON-ROUGE

Oui, maman.

TONY

(Pendant les paroles échangées entre la mère et Chaperon-Rouge, il va, de temps en temps, tourner autour des galettes et les sentir.)

Moi, j'irai t'attendre ce soir, au bas de la côte; je suis sûr de te reconnaître de loin à cause de ton chaperon rouge, et si j'apercevais le Loup... (Faisant un geste menaçant.) tu sais, Tony est un homme!

CHAPERON-ROUGE, riant.

Un tout petit homme! Ah! Ah! je n'oublierai pas vos recommandations. Adieu, maman!

LA MÈRE, tout en chantant, lui met son chaperon sur la tête et dans ses bras le pot de beurre et la galette.

Adieu, mon enfant !

Premier Couplet

(Air : *Petit Papa, c'est aujourd'hui la fête...*)

A Mère-Grand, porte cette galette,
Avec ce pot, mais écoute en partant :
Ah ! promets-moi d'obéir, ma fillette,
Et de marcher sans perdre un seul instant.
    Va, mon enfant ! (*Bis.*)

CHAPERON-ROUGE.

Deuxième Couplet

Adieu, maman, je vois la maisonnette ;
Je reviendrai, bien sûr, avant ce soir,
Le Brigand Loup gardera sa sornette :
S'il me guettait, ce serait sans espoir.
    Mère, au revoir. (*Bis.*)

(Elle embrasse sa mère et ouvre la porte qui donne sur la route.)

TONY, touchant le chaperon du bout du doigt.

Troisième Couplet

Le ciel est bleu, nous n'aurons pas d'orage.
Ton chaperon ne sera pas mouillé ;

Petite amie, au revoir et courage,
Le Loup, je pense, est déjà surveillé
Et fusillé ! (*Bis.*)

LA MÈRE ET TONY, ensemble.

Quatrième Couplet

Là-bas, là-bas, tu vois la maisonnette ?
Oui, tu le peux, reviens avant ce soir.
Le Brigand Loup gardera sa sornette :
S'il te guettait, ce serait sans espoir.
Pars, au revoir ! (*Bis.*)

Chaperon-Rouge reprend le deuxième couplet, en même temps que sa mère et Tony chantent le quatrième. Après : *Mère, au revoir*, elle sort en faisant signe de la main à Tony et à sa mère qui lui répondent de la même façon.)

(*La toile se baisse.*)

ACTE III

SCÈNE PREMIÈRE

CHAPERON-ROUGE, seule.

(La scène représente un carrefour au coin de la forêt. En face des spectateurs, certains apprêts pour un bal champêtre : quelques guirlandes de verdure sous lesquelles arriveront les danseurs. Deux tonneaux debout au fond pour les musiciens. En avant une enseigne avec ces mots : *Ici, l'on danse.*)

CHAPERON-ROUGE, tenant son pot de beurre et sa galette et s'asseyant un instant sur une pierre. Elle pose ses objets à côté d'elle et s'essuie le front.

Mon Dieu, qu'il fait chaud ! Je commence à être fatiguée, j'ai marché si vite !... J'arriverai de bonne heure chez Mère-Grand, je peux bien me reposer un instant. (Elle réfléchit un moment.) D'ailleurs, je n'ai rien à craindre ; jusqu'à présent je n'ai rien aperçu qui ressemble au Loup. Ce n'est peut-être pas vrai, cette histoire de Brigand Loup !... On dit tant de choses au village !... On aura dit ça pour faire peur aux enfants. J'ai déjà fait la moitié de la route, et vraiment le Loup ne s'est guère occupé de moi. Bah ! n'y pensons plus. (Elle se penche en avant.) Oh ! la belle petite marguerite que j'aperçois là tout près de moi !... Oh ! et à côté une clochette bleue ! Ah ! je voudrais voir ces jolies fleurs de plus près. (Elle se rapproche.) Maman ne m'a pas défendu de les toucher... (Elle hésite, puis finit par arracher une marguerite.) Ah ! mon Dieu, la fleur est détachée. Pourtant je ne crois pas avoir tiré bien fort !... Elle l'a fait exprès, cette vilaine marguerite, de se laisser tomber dans ma main. (Elle aperçoit un papillon.) Oh ! le joli papillon ! (Elle se lève.) Il faut que je l'attrape !

(Elle le poursuit et chante en allant d'un buisson à l'autre.)

(Air : *Il court, il court, le furet.*)

J'aurai ce beau papillon
Qui va sur la marjolaine,
J'aurai ce beau papillon,
Car il n'a pas d'aiguillon.

(Faisant le geste de chasser le papillon comme s'il était sur ses vêtements.)

Il touche mon cotillon,
Mon petit corset de laine,
Il touche mon cotillon,
C'est un hardi papillon !

J'aurai ce beau papillon
Qui va sur la marjolaine,
J'aurai ce beau papillon,
Car il n'a pas d'aiguillon.

SCÈNE II

CHAPERON-ROUGE, LE BRIGAND LOUP

(Pendant que Chaperon-Rouge poursuit le papillon, le Brigand Loup arrive et passe sa tête à travers le buisson; il la considère en ricanant.)

CHAPERON-ROUGE, l'apercevant.

Dieu ! le Loup !

(Elle veut fuir, épouvantée, et accroche son jupon.)

LE BRIGAND LOUP, se montrant tout à coup.

N'ayez pas peur, mon enfant, je ne vous ferai pas de mal. (A part.) Elle est charmante, cette petite ! (Haut.) Où allez-vous donc comme ça ?

CHAPERON-ROUGE, prête à fuir.

Monsieur le Loup, laissez-moi, je suis pressée ; il faut que j'aille chez ma Mère-Grand qui est malade !

LE BRIGAND LOUP.

Bien, mon enfant ! Oh ! c'est très bien, cela ! Votre Mère-Grand va être très contente. Elle est bien heureuse d'avoir une aussi charmante petite-fille que vous. Vraiment, je voudrais être à sa place ! Ce doit être une bien brave femme et je serais ravi de faire sa connaissance. Dites-moi, j'ai envie d'y aller avec vous.

CHAPERON-ROUGE, inquiète et hésitante.

(A part.) Oh ! mon Dieu ! maman qui m'a tant défendu de parler au Loup ! (Haut.) Monsieur le Loup, je ne dois pas vous écouter. Maman me l'a bien défendu. Je lui ai déjà désobéi en cueillant des fleurs et en courant après les papillons. Maintenant, c'est fini. Je vais reprendre ma galette et mon pot de beurre, puis partir bien vite afin de rattraper le temps perdu. (Elle se baisse et prend le pot de beurre.)

LE BRIGAND LOUP, le lui enlevant.

Chère petite ! Vous avez bien raison de vouloir obéir à votre mère. Mais les parents sont souvent si exigeants !... Voyons, il y aurait moyen d'arranger les choses. Je veux vous aider à porter vos provisions. Ce pot de beurre est trop lourd pour vous, je m'en chargerai ; puis je vous indiquerai un chemin qui raccourcira de beaucoup la distance.

(Chantant.

Refrain

(Air : *Bonjour, chère Rosine.*)

Allons, belle fillette,
N'ayez plus peur de moi.
Donnez-moi la galette
Et calmez votre émoi.

Premier Couplet

J'arriverai le premier, je l'espère,
Dans le logis de la bonne grand-mère.
Je lui dirai d'un air tout triomphant :
Dans un instant, vous verrez votre enfant !

CHAPERON-ROUGE, chantant.

Refrain

Non, non, vraiment je tremble
Et n'y puis consentir ;
Il est tard, il me semble,
Oh ! laissez-moi partir ?...

Deuxième Couplet

(Montrant sa jupe.)

Vous le voyez, tout à l'heure, à la branche,
J'ai déchiré ma robe du dimanche.
Monsieur le Loup, vous me portez malheur...
Oh ! laissez-moi, laissez-moi, j'ai grand'peur.

Au refrain (à deux).

(On entend une musique champêtre. Le bruit se rapproche ;
pendant la suite du dialogue, la musique joue en sourdine.)

CHAPERON-ROUGE.

Allons, monsieur le Loup, je vous en prie, laissez-moi partir bien vite.

LE BRIGAND LOUP.

Tenez, entendez-vous ? Quelle bonne fortune ! Voici une noce de village qui vient s'installer pour danser ici. Oh ! ma belle enfant, approchez-vous donc. Comme vous allez vous amuser, hein ! Vous allez danser !...

CHAPERON-ROUGE, après une légère hésitation.

Oh ! un instant, rien qu'un petit instant, et puis je partirai.

LE BRIGAND LOUP, triomphant.

C'est cela, alors j'emporte la galette et le pot de beurre?

CHAPERON-ROUGE

Non! non! j'aime mieux les porter moi-même. Montrez-moi seulement le chemin le plus court, afin que je n'arrive pas trop tard.

LE BRIGAND LOUP

Tenez, voici le chemin des *Epingles,* c'est celui que vous prendrez, ici à droite ; il est beaucoup plus court que l'autre. Moi, je vais prendre, à gauche, le chemin des *Aiguilles,* qui est plus long : de cette façon vous aurez le temps de regarder la danse et vous pourrez encore arriver aussi vite que moi. (Il dépose les provisions de côté.) Voilà le pot de beurre et la galette que vous retrouverez ici. Au revoir!

(Il fuit précipitamment.)

SCÈNE III

CHAPERON-ROUGE, MUSICIENS, DANSEURS ET DANSEUSES

(Le cortège arrivera dans l'ordre suivant: deux ménétriers avec leurs violons garnis de rubans, le marié et la mariée, danseurs et danseuses se donnant le bras.)

Chœur des Danseurs

(Air: *Allez-vous-en, gens de la noce.*)

En avant! les gens de la noce,
Chantons, dansons, amusons-nous!
Ici, sans pompe et sans carrosse,
On peut voir de joyeux époux.

LES DANSEURS, aux danseuses.

(Air: *Carillon de Dunkerque.*)

Voyons, belle voisine,
Allons-y de bon cœur.
Un refus me chagrine,
Prenez-moi pour danseur.

LES DANSEUSES, aux danseurs.

Quand on a votre mine,
Voisin, sans vous flatter,
Babet ou Mathurine,
On peut tout inviter.

Chœur

En avant ! les gens de la noce, etc.

UN DANSEUR

Et maintenant que la danse commence, messieurs les musiciens, à l'orchestre.

(Ici l'on exécutera une danse villageoise, *rigodon* ou *bourrée*, que l'on fera durer à volonté.)

TOUS, après la danse.

Bravo ! bravo ! Si nous buvions un peu ?

SCÈNE IV

LES MÊMES. LE BRIGAND LOUP ET DEUX BRIGANDS

(Le Brigand Loup revient avec ses acolytes, vêtu d'un manteau noir avec chapeau tyrolien, poignard et pistolet à la ceinture, sur un des côtés de la scène.)

LE BRIGAND LOUP, se penchant pour regarder Chaperon-Rouge.

Cette fois, nous sommes sûrs de pouvoir faire le coup ! La voilà bien occupée. Ah ! je savais bien qu'elle finirait par m'écouter ! Ces petites filles, c'est si sensible aux compliments ! On en fait tout ce qu'on veut en les flattant ! (A ses acolytes.) Courons chez la Mère-Grand ! Nous allons d'abord croquer la bonne vieille ; hum ! ce sera un peu dur ! Et puis, tout à l'heure, nous aurons cette jolie enfant quand elle arrivera. J'entrerai le premier et je sifflerai lorsque le moment sera venu. Partons ! la danse va recommencer ; elle pourrait se retourner. Dépêchons-nous !

(Ils disparaissent dans la forêt.)

UN DANSEUR

Allons, les amis, un dernier rigodon.

(La danse recommence. Chaperon-Rouge regarde autour d'elle et va reprendre ses provisions.)

CHAPERON-ROUGE, sur les premiers accords.

Oh ! mon Dieu ! comme j'ai désobéi à maman ! Courons vite.

(*La toile se baisse.*)

TE IV

SCÈNE PREMIÈRE

LA MÈRE-GRAND

(La scène représente l'intérieur d'une maison villageoise. Lit avec rideaux à carreaux rouges. Une commode ou bahut avec étagère. Un fauteuil, un rouet. Une porte dans le fond. La Mère-Grand aura un grand châle à ramages, un bonnet avec larges tuyaux, noué sur la tête par un ruban.)

LA MÈRE-GRAND, assise dans son fauteuil, tournant son rouet et fredonnant une chanson.

(D'une voix cassée.) Le temps paraît bien long quand on est malade ! Chaperon-Rouge n'arrive pas et tous les jours je l'attends !

Refrain

(Air : *Dodo ! l'enfant do.*)

Dodo,
L'enfant do !
Pauvre grand-mère est seulette.
Dodo,
L'enfant do !
Dodinette,
Dodino.

Couplet

Je voudrais voir ma mignonnette,
L'enfant blonde que j'ai là-bas,
Sa mine gentille et coquette.
Je l'attends, elle ne vient pas.

Refrain

Dodo, etc., etc.

SCÈNE II

LA MÊME, LE BRIGAND LOUP

(On frappe à la porte.)

LA MÈRE-GRAND

On frappe, je crois !... Si c'était Chaperon-Rouge !... (On frappe plus fort.) Qui est là ?...

LE BRIGAND LOUP, du dehors.

C'est moi, votre petite-fille, Chaperon-Rouge, qui vous apporte une galette et un pot de beurre que maman vous envoie.

LA MÈRE-GRAND

Tire la chevillette, la bobinette cherra et la porte s'ouvrira.

LE BRIGAND LOUP, entrant précipitamment et se jetant sur la grand-mère.

A moi, les amis !

(Il donne un coup de sifflet; les autres brigands entrent.)

LA MÈRE-GRAND, criant.

Au secours! au secours!

(Le Brigand Loup et ses compagnons l'entraînent à la porte du fond. Ils renversent les chaises et le rouet. Le Brigand Loup revient et relève ces objets.)

SCÈNE III

LE BRIGAND LOUP, seul.

Là ! Voilà qui est fait ! La Mère-Grand ! c'est bon pour les camarades ! Aussi je la leur ai laissée bien vite. J'aurai tout à l'heure ce friand petit Chaperon-Rouge. Eh ! eh ! J'ai eu bien de la peine à me faire écouter ! Enfin, elle y est venue ! Mais voyons, il s'agit maintenant de représenter Mère-Grand. (Prenant le bonnet.) Voilà un bonnet qui ira très bien sur mes oreilles pointues. (Mettant le châle.) Et ce châle cachera parfaitement ma peau noire. (S'arrangeant.) Là ! Asseyons-nous là maintenant, dans le fauteuil de la Mère-Grand. (Essayant le rouet.)

Si je chantais comme elle !.. Essayons d'adoucir ma voix...

Dodo !
L'enfant do !
La ! la ! la ! la ! la ! la ! la !

Chaperon-Rouge peut arriver maintenant !

(Il fredonne.

Dodo !
L'enfant do !
La ! la ! la ! la ! la ! la ! la !

SCÈNE IV

LE BRIGAND LOUP, CHAPERON-ROUGE

(On frappe.)

LE BRIGAND LOUP

Qui est là ?

CHAPERON-ROUGE, du dehors.

C'est moi, votre petite fille, Chaperon-Rouge !

LE BRIGAND LOUP

Tire la bobinette, la chevillette cherra et la porte s'ouvrira.

CHAPERON-ROUGE, entrant.

Bonjour, Mère-Grand !

LE BRIGAND LOUP

Bonjour, mon enfant.

CHAPERON-ROUGE

Voici une galette et un pot de beurre que maman vous envoie !

LE BRIGAND LOUP

Pose-les sur la huche et viens ici t'asseoir auprès de moi.

CHAPERON-ROUGE obéit et se met aux pieds du Brigand Loup sur un tabouret, puis le considère un instant.

Oh ! Mère-Grand ! comme vous avez de grands bras !

LE BRIGAND LOUP

C'est pour mieux t'embrasser, mon enfant !

CHAPERON-ROUGE

Oh ! Mère-Grand ! comme vous avez de grandes jambes !

LE BRIGAND LOUP

C'est pour mieux courir, mon enfant !

CHAPERON-ROUGE

Oh ! Mère-Grand ! comme vous avez de grands yeux.

LE BRIGAND LOUP

C'est pour mieux te voir, mon enfant!

CHAPERON-ROUGE

Oh! Mère-Grand! comme vous avez de grandes dents!

LE BRIGAND LOUP

C'est pour mieux te manger, mon enfant!

(Il siffle.)

CHAPERON-ROUGE, reconnaissant le Loup, jette un cri d'effroi.

Ah! le Loup! le Loup! maman! Tony! à moi!

(Les autres brigands entrent, se joignent au Brigand Loup et l'entraînent. Au même moment on entendra sonner du cor de chasse.)

SCÈNE V

COLAS, JEAN-PIERRE, LE GRAND VENEUR, LES CHASSEURS, LES PAYSANS

(Ces derniers armés de fourches et de pioches. — Ils arrivent sur la scène dès que les brigands ont disparu.)

COLAS, regardant autour de lui.

C'est bien ici la maison de la Mère-Grand. Le bûcheron qui a vu passer Chaperon-Rouge m'a assuré que nous la trouverions ici. C'est étonnant, il n'y a personne.

JEAN-PIERRE

Et la Mère-Grand, si vieille et si malade, comment ne se trouve-t-elle pas là ? Voilà pourtant son fauteuil, son rouet !... On dirait qu'elle vient de quitter la place !... Et tenez (Il montre le buffet.) voilà des provisions qui ont dû être apportées par Chaperon-Rouge. Voilà une galette faite par sa mère, je reconnais la façon. Oh ! j'ai peur qu'il ne soit arrivé quelque malheur ici !

SCÈNE VI

LES MÊMES, TONY

TONY, accourant tout essoufflé, portant à la main la petite coiffure de Chaperon-Rouge.

Regardez, regardez !... Je viens de trouver sur la route ce petit chapeau que tout le monde connaît. Qu'est-il arrivé à Chaperon-Rouge ?... Mon Dieu ! mon Dieu ! (Il tombe assis et pleure.) J'étais allé sur la route au-devant d'elle, comme je l'avais promis le matin. (Il suffoque.) Je ne la voyais pas venir, alors j'ai marché longtemps. Et tout à l'heure, fatigué, j'allais m'asseoir, lorsque j'ai aperçu un objet au milieu du sentier. C'était la coiffure de Chaperon-Rouge, son joli chapeau ! Hi ! hi ! hi ! (Il pleure et s'interrompt.) Ah ! le Brigand Loup l'aura rencontrée et emmenée dans sa caverne pour la dévorer.

(Il continue à pleurer.)

10.

JEAN-PIERRE, consterné.

Monsieur le Grand-Veneur, que faut-il faire?

LE GRAND VENEUR

Il faut poursuivre le Brigand, morbleu ! Il doit se cacher dans les environs. En chasse, Messieurs !

TOUS LES PAYSANS

Courons chercher Chaperon-Rouge ou la venger !

(Ils sortent.)

SCÈNE VII

TONY, JEAN-PIERRE

TONY, chantant.

(Air : *Il pleut, il pleut, bergère !*)

Pauvre petite amie,
Je ne te verrai plus.
T'es-tu donc endormie,
Là-bas, sur le talus ?

JEAN-PIERRE

Le Brigand Loup, sans doute,
Aura dû la guetter
D'avance, sur la route,
Et puis en profiter.

TONY.

Oh ! que dira ta mère
En me voyant sans toi ?
Quelle douleur amère
Pour son cœur et pour moi !

Je veux garder, ma chère,
Ton petit chaperon,
Le garnir de bruyère
Et puis d'un liseron.

(On entend l'air de la *Chasse du jeune Henri.*)

SCÈNE VIII

LES MÊMES, COLAS, BABET, MATHURINE, LE GARDE CHAM-
PÊTRE, GRAND VENEUR, CHASSEURS, PIQUEURS, PAYSANS
ET PAYSANNES.

PAYSANS ET CHASSEURS

Victoire ! Le brigand est mort ! Voilà la peau de loup qu'il portait.

(Deux chasseurs et deux paysans porteront la peau du loup et se
tiendront sur un des côtés. Tony restera au milieu avec le petit
chaperon rouge à la main.)

CHASSEURS

Chœur

(Air : *Allons, chasseur, vite en campagne.*)

Nous avons forcé la tanière
Du Brigand Loup, de ce glouton!
Ton ton, ton ton, tontaine, ton ton,
Et voici sa dépouille entière;
C'est un beau coup de mousqueton,
Ton ton, tontaine, ton ton.

TONY, aux chasseurs.

On n'a donc pas retrouvé Chaperon-Rouge?

JEAN-PIERRE

Ni la Mère-Grand?

LE GARDE CHAMPÊTRE

Ni l'une ni l'autre. Elles sont perdues, tuées, dévorées!... Ah! ce n'est pas de ma faute! Tout le monde était averti! (Avec emphase.) Mais on n'écoute jamais l'autorité!...

PAYSANS ET PAYSANNES, ENFANTS, ensemble, levant les mains au ciel.

Pauvre Chaperon-Rouge!...

MATHURINE, s'avançant.

(Air : *Nous n'irons plus au bois.*)

Premier Couplet

Mes enfants, pour finir, } Bis.
Il faut vous souvenir

Que la flatterie,
La cajolerie, } Bis en chœur:
    Trompent toujours. Oui, la flatterie, etc.
Ah! fuyez de tels discours.

(Reprendre les quatre dernières lignes du couplet en chœur.)

COLAS, s'avançant et regardant les enfants.

Deuxième Couplet

es loups et les brigands, } Bis.
ui de vous sont friands,

Partout dans le monde,
Où leur nombre abonde, } Bis en chœur.
    Suivent vos pas
Et vous tendent des appas.

TONY, au milieu, s'avançant.

Troisième Couplet

Restez, petits amis, } *Bis.*
A vos mères soumis !

Lorsque avec tendresse
Leur voix vous redresse, } *Bis* en chœur.
Ecoutez bien :
Pour vous c'est l'ange gardien !

(La dernière ritournelle, sur l'air des couplets, alterne avec l'air de chasse. — Tous les acteurs saluent.)

(*La toile se baisse.*)

FIN

LE PETIT POUCET

PERSONNAGES

GUILLAUME, le sabotier.
GUILLAUMETTE, femme du sabotier.
COLAS,
LUBIN,
PIERROT,
JACQUOT,
LUCAS,
FANFAN,
PETIT POUCET,
} les sept enfants de Guillaume et de Guillaumette.

L'OGRE, baron de *Torticol*.
Dame CUNÉGONDE, femme de l'Ogre.

ROSA,
LINA,
BERTHA,
AGNÈS,
ITHA,
WILHELMINE,
SABINE,
} les sept filles de l'Ogre et de dame Cunégonde.

DOMENICO, confident de l'Ogre, sorte de soudard à son service.
LIEUTENANT DU ROI.
BENOIT, 1er paysan.
CLAUDE, 2e paysan.

GERVAISE, 1re paysanne. — JACQUELINE, 2e paysanne.

Le Bailly, la Rosière, Dames, Seigneurs, Pages, Archers, Paysans, Paysannes, Saltimbanques, Marchands forains, Brigands, Figurants.

SOMMAIRE DES MORCEAUX

N° 1. — OUVERTURE.
N° 2. — *C'est la fête au village.*
N° 3. — *La fortune, qu'on importune.*
N° 4. — ENTR'ACTE.
N° 5. — *Le petit rossignol des bois.*
N° 6. — *Désormais dans notre chaumière.*
N° 7. — *Qui donc ose passer la nuit.*
N° 8. — ENTR'ACTE.
N° 9. — *Tout reposait là-haut dans la tourelle*
N° 10. — *Danse circassienne.*
N° 11. — *C'est la retraite.*
N° 12. — ENTR'ACTE.
N° 13. — *Marche de la rosière.*
N° 14. — *Musique foraine.*
N° 15. — *Quel honneur pour notre village.*

INDICATION DES COSTUMES

Guillaume: Veste ou sarrau de bure, culotte de même étoffe, couleur foncée; vieux chapeau de feutre mou.

Guillaumette: Jupe de droguet, casaquin de couleur différente; bonnet forme béguin, tablier.

Colas, Lubin, Pierrot, Jacquot, Lucas Fanfan, } petites vestes courtes grises ou marron; culottes et bas de laine.

Petit Poucet: Veste blanche; culotte marron et bas bleus.

L'Ogre, baron de Torticol: Pourpoint et fraise à la Henri IV; grandes bottes à entonnoir; chapeau avec panache.

Dame Cunégonde, femme de l'Ogre: Costume violet, forme Catherine de Médicis, avec fraise; coiffure Médicis.

Les sept Filles de l'Ogre: Costumes de satin rouge, col à la Médicis; petits toquets Médicis.

Les sept Frères: Costumes de satin rouge, époque Henri IV; fraises; toquets rouge avec plume blanche.

Domenico: Costume de brigand, sorte de *Fra Diavolo*.

Le Bailli: Costume de velours noir avec fraise et manchettes.

La Rosière: Costume blanc avec voile court.

Page en costume blanc, portant le chaperon de roses blanches destiné à la rosière.

Le Lieutenant du roi: Costume de la maréchaussée.

Benoît Claude } Vestes et culottes d'étoffe grossière; feutres mous.

Jacqueline Gervaise } Jupes rayées; casaquins de toile; bonnets ronds; tabliers rouges rayés.

Le Petit Poucet

SAYNÈTE-OPÉRETTE EN QUATRE ACTES

La scène représentera l'intérieur d'une pauvre cabane de sabotier. Un établi, quelques outils. — Sur la table, du pain, des pommes de terre. Au lever du rideau, Guillaume, un tablier de cuir devant lui, sera en train de clouer une courroie sur un sabot. Guillaumette, le visage caché dans son tablier, pleurera amèrement.

PREMIER ACTE

SCÈNE PREMIÈRE

GUILLAUME, GUILLAUMETTE

GUILLAUME

Allons, Guillaumette, en voilà assez !... Vas-tu pleurer jusqu'à demain ? Tu m'ennuies, à la fin !...

GUILLAUMETTE, pleurant.

Hi ! hi ! hi ! Je ne me consolerai jamais ! Quand je pense que c'est toi qui as voulu perdre nos pauvres enfants !

GUILLAUME

Tu préférais donc les voir mourir de faim, ici, sous nos yeux ! Qui sait ? Ils auront peut-être la chance de rencontrer quelqu'un de riche et de puissant qui s'en chargera ! Pour moi, c'est devenu impossible ! Sept enfants à nourrir, à habiller, et avec quoi, grand Dieu ! Et, pour comble de malheur, le septième si petit, que tout le monde l'appelait Poucet ! Celui-là ne sera jamais bon à rien, et ici il ne pouvait être qu'une bouche inutile à nourrir !

GUILLAUMETTE

Oh ! mon pauvre enfant ! mon cher petit Poucet si intelligent, si tendre et si délicat ! Peux-tu parler ainsi de lui ? Il avait tout l'esprit de la famille, et je ne sais quoi me disait au fond du cœur que nous serions fiers de lui un jour ! Il faut que tu aies le cœur bien dur, pour avoir ainsi abandonné tes enfants. Ah ! j'aurais dû l'empêcher ! (Elle se remet à pleurer.)

GUILLAUME, violemment.

L'empêcher ! J'aurais voulu voir ça ! Est-ce que je ne suis pas le maître ici ?

GUILLAUMETTE

Et dire qu'aujourd'hui, justement, cette voisine, qui te devait l'argent des sabots que tu lui avais faits, est venue nous payer avec ces provisions. (Elle montre le pain et les pommes de terre.) Pauvres enfants ! Les loups les auront dévorés à cette heure ! Et dire que s'ils étaient là, ils auraient de quoi manger à présent !

(On entend dans le lointain l'air de la *Nigousse*.)

Dieu ! qu'est-ce que cela ? On dirait la voix de nos enfants ! Je reconnais le chant avec lequel je les ai tous bercés...

(On entend frapper à la porte à coups redoublés.)

LES ENFANTS, derrière la porte.

Nous voilà ! Nous voilà !... Ouvrez !... C'est nous !...

SCÈNE II

LES MÊMES, LES ENFANTS

GUILLAUMETTE, elle s'élance vers la porte et reçoit chaque enfant dans ses bras en l'embrassant avec transport.

Quel bonheur ! mes pauvres petits ! C'est bien vous ! Colas ! Lubin ! Pierrot ! Jacquot ! Lucas ! Fanfan ! et toi aussi mon pauvre Poucet ! Les voilà tous les sept !... (A son mari qui reste sombre dans un coin.) Allons, Guillaume, embrasse-les donc !

GUILLAUME, il leur touche la joue.

(A part.) Cela me fait quelque chose tout de même de les retrouver, car enfin ce sont mes enfants ! Mais la misère est toujours là, et demain ce sera à recommencer ; je n'aurai d'autre ressource que d'aller les perdre de nouveau dans la forêt. (A sa femme.) Allons ! femme, fais-les manger, qu'ils profitent de ce qui est là aujourd'hui ! Moi, je sors un instant, je reviendrai tout à l'heure.

GUILLAUMETTE, tout en installant les enfants autour de la table.

Où vas-tu, Guillaume ? Encore au cabaret retrouver cet aventurier, ce Domenico qui ne te quitte plus depuis quelque temps ! Tiens ! rien ne m'ôtera de l'idée que cet homme n'est bon qu'à te donner de mauvais conseils !

GUILLAUME

C'est bon ! c'est bon ; je n'ai pas besoin de tes sermons. Fais manger les enfants et couche-les. Je sais ce que j'ai à faire.

(Il sort en fermant la porte derrière lui avec violence.)

GUILLAUMETTE, coupant des tranches de pain et versant à boire.

Mangez, mes chéris. Vous devez être morts de faim ! Mais, dites-moi, comment avez-vous pu retrouver votre route pour revenir ici ?

COLAS

Oh ! mère, c'est Poucet qui a su nous conduire. Sans lui, nous n'aurions jamais pu.

GUILLAUMETTE, avec fierté.

Mon Poucet ! vraiment ! Et comment as-tu su ?

POUCET

Eh bien ! voilà, mère ! J'ai l'oreille fine, et j'avais entendu que le père vous disait qu'il fallait aller nous perdre dans la forêt. Alors je me suis levé de grand matin pour ramasser des cailloux. J'en ai rempli mes poches, et quand nous sommes partis, je les ai semés le long du chemin. Et après, quand nous nous sommes trouvés seuls dans la forêt et que mes frères pleuraient, je leur ai dit : « Suivez-moi, je saurai bien reconnaître la route. »

GUILLAUMETTE, l'embrassant.

(A part.) A-t-il de l'esprit, mon Poucet ! (Haut.) Et vous n'avez pas eu peur, mes chéris, de rentrer à la maison ?...

POUCET, se jetant dans ses bras.

Oh ! mère, nous savions bien que vous seriez contente de nous revoir !

GUILLAUMETTE

Chers enfants, vous aviez raison. Votre père aussi était content, mais il ne peut le laisser voir comme moi ! Il a tant de soucis, voyez-vous ! Les pères ont l'air dur quelquefois, mais leur cœur saigne souvent, allez, quand ils voient la faim et la misère venir sous leur toit et qu'ils ne peuvent plus rien pour les enfants... Cela leur donne des idées de désespoir. Mais il est tard, il faut monter dans la soupente pour vous coucher. Si vous voulez, nous allons chanter ensemble le chant avec lequel je vous ai bercés. Cela chassera nos idées tristes. Viens sur mes genoux, Poucet.

(Elle s'assied sur une chaise basse avec le petit garçon sur ses genoux ; les autres l'entourent et forment un groupe.)

(Air ; *A la Nigousse.*)

Premier Couplet

C'est la fête au village.
C'est le printemps nouveau !
Allons, fillette sage,
Laisse-là ton fuseau.
   Lon lon la !

Dansons au bel âge } *bis* (en chœur).
Lon lon la lon la ! }

Deuxième Couplet

Et puis sous la tonnelle,
Au son du tambourin,
On offre à la plus belle
Bouquet de romarin,
   Lon lon la !

Et rose nouvelle } *bis* (en chœur).
Lon lon la lon la ! }

GUILLAUMETTE

Là, maintenant faites votre prière, mes enfants ; et

puis nous monterons au lit. (Les enfants s'agenouillent.) Répétez avec moi : « O mon Dieu ! bénissez papa, maman. Donnez-leur la santé et le travail pour élever leurs sept enfants et préservez-nous de la faim et des loups. »

(La prière finie, la mère prend une lampe et monte l'escalier qui conduit à la soupente, suivie des sept enfants.)

SCÈNE III

GUILLAUME, DOMENICO

GUILLAUME, passant la tête à travers la porte.

Venez; ma femme est allée coucher les enfants; nous sommes seuls, nous pouvons causer. Entrez !

DOMENICO, en costume de brigand.

Il n'y a pas à hésiter. Vous avez à choisir : la misère et la mort à petit feu pour vos enfants, ou l'avenir assuré pour eux et la fortune pour vous. (Regardant autour de lui.) Il n'y a rien à boire, ici ?

GUILLAUME, il va à la huche.

Si, si, j'ai là dans un coin une cruche de bière, la dernière, ma foi ! Je l'ai gardée en votre honneur. (Il place deux chopes sur la table et verse la bière.) Alors, ce puissant seigneur dont vous me parliez fait chercher partout des petits enfants pour les attirer dans son château ? Mais qu'en fait-il ?

DOMENICO

Eh bien ! d'abord, il les fait élever et instruire, habiller comme des princes, car lui-même, le baron de Torticol, retenez son nom, est un puissant personnage du royaume. Plus tard, comme il a sept filles qui sont encore des enfants actuellement, — plus tard, dis-je, il espère qu'elles trouveront parmi ces jeunes gens, formés sous ses yeux, sept maris dignes d'elles et de leur haute naissance. Et qui sait, vos fils !... Sept frères pour sept sœurs, cela ne se trouve pas tous les jours...

GUILLAUME

Oh ! mais, y pensez-vous ? Les filles d'un puissant baron épouser les fils d'un bucheron ?

DOMENICO

Mon cher, n'a-t-on pas vu des rois épouser des bergères ?...

GUILLAUME

Et puis, voyez-vous, ma femme ne consentira jamais...

DOMENICO

Vous n'en savez rien ! Les femmes sont ambitieuses,

allez !... Et puis, s'il le faut, nous nous passerons de son consentement.

GUILLAUME

Enfin, vous avez peut-être raison... Après tout, je prépare l'avenir de mes enfants ! Alors, c'est dit, demain je conduirai de nouveau les petits dans la forêt et, pendant qu'il seront occupés à ramasser du bois, ma femme et moi, nous disparaîtrons... et... vous les emmènerez...

DOMENICO, tendant une bourse.

Voilà qui est convenu. Prenez cette bourse et, dans quelques jours, en venant vous donner des nouvelles de vos enfants, je vous en rapporterai une autre encore mieux garnie.

(Il chante.)

(Air : *Les anguilles, les jeunes filles.*)

La fortune
Qu'on importune
Vient parfois nous surprendre un jour !
Mais peu sage,
Sans moi, je gage,
Vous l'abandonniez sans retour.

GUILLAUME

L'espérance
Pour moi commence,
J'ai de l'or, plus de désespoir !
Joie extrême,
Oh ! bonheur suprême,
Rien ne lutte avec son pouvoir !

DOMENICO ET GUILLAUME, ensemble, chantant et levant leur verre.

La fortune
Qu'on importune
Vient parfois nous surprendre un jour.
Mais peu sage

DOMENICO. Sans moi } je gage
GUILLAUME. Sans vous }

DOMENICO. Vous l'abandonniez } sans retour.
GUILLAUME. Je l'abandonnais }

DOMENICO

Allons, je vous laisse. A demain !

SCÈNE IV

GUILLAUME, seul, rangeant les verres et la cruche de bière dans la huche. Il va s'asseoir et palpe la bourse.

C'est égal ! Voilà une singulière aventure. Il s'agit maintenant de persuader ma femme. La voici ! Cachons cette bourse !...

SCÈNE V

GUILLAUME, GUILLAUMETTE

GUILLAUMETTE

Ah ! te voilà revenu, Guillaume ? (Elle pose la lumière et le regarde d'un œil inquiet.) J'ai entendu une voix, ici, tout à l'heure ; avec qui donc parlais-tu ?

GUILLAUME

Guillaumette, écoute ; j'ai à te parler sérieusement. Je ne puis garder ici sept enfants à nourrir et à habiller ; c'est inutile d'y penser. (A ce moment Petit Poucet descendra furtivement l'escalier de la soupente et viendra se placer derrière le grand escabeau de sa mère, pour écouter.) Demain, prépare-toi à accompagner les enfants dans la forêt avec moi. Et cette fois, nous nous arrangerons de manière à les mener assez loin pour qu'ils ne puissent revenir. Tu m'entends ?

PETIT POUCET, à part.

C'est bon ! je prendrai mes précautions comme l'autre fois !

GUILLAUMETTE, joignant les mains.

Oh ! mon Dieu ! Tu n'y a pas renoncé, alors ! Mais j'en mourrrai de chagrin.

PETIT POUCET, à part.

Pauvre mère, soyez tranquille, nous reviendrons. Mais je me sauve, on pourrait me voir!

(Il remonte doucement l'escalier.)

GUILLAUME

Écoute-moi, jusqu'au bout. Les lamentations ne servent à rien. Quelqu'un veillera sur nos enfants et se chargera de les conduire chez un seigneur puissant qui les fera élever... et les établira ensuite.

GUILLAUMETTE

Comment? Qui dis-tu? Qui veillera sur eux?

GUILLAUME

Oh! tu le connais, c'est Domenico...

GUILLAUMETTE

Dieu! Et tu l'as cru? Ah! ce Domenico de malheur! C'est donc pour cela qu'il rôdait toujours par ici?... J'aurais dû m'en douter. Ainsi, tu as vendu tes enfants?...

GUILLAUME

Ah çà! laisse-moi tranquille! Vendu tes enfants! Perdu tes enfants! Je n'entends que ces mots sortir de ta bouche. Je veux être obéi et sans réplique. Demain, qu'on soit prêt quand je donnerai le signal pour aller dans la forêt.

(On entendra en sourdine l'air de la *Nigousse*.)

GUILLAUMETTE, fondant en larmes.

Oh! pauvres enfants! Il chantent en rêvant cet air qu'ils aiment tant à répéter avec moi! Si cela ne fend pas le cœur. (L'air continue.) Que va-t-on faire d'eux? Que vont-ils devenir? Ah! si je ne les vois plus ils seront bien perdus pour moi... Perdus!... mes pauvres enfants!

(Elle tombe assise et pleure. Guillaume lui tourne le dos en arrangeant ses sabots. La musique continue en sourdine.)

PETIT POUCET, passant la tête à la porte de sa soupente et levant un doigt.

Nous reviendrons, foi de Petit Poucet!

(*La toile se baisse.*)

FIN DU PREMIER ACTE.

DEUXIÈME ACTE

SCENE PREMIÈRE

GUILLAUME, GUILLAUMETTE, PIERROT, LUBIN, COLAS,
JACQUOT, LUCAS, FANFAN, PETIT POUCET

Le devant de la scène qui devra s'ouvrir à un moment donné pour laisser voir le château de l'ogre, représentera une forêt. A droite, à gauche, des branchages de bois mort. On apercevra la famille Poucet arrivant dans la forêt par un sentier du fond tournant sur un des côtés. Le père et les deux aînés des garçons porteront une hache sur l'épaule ; les autres mordront, à belles dents, dans un grand morceau de pain. Les enfants marcheront deux par deux en avant, les parents les suivront et, à quelque distance de ces derniers, le Petit Poucet resté en arrière, émiettera son pain sur le chemin.

GUILLAUME

Marchez plus vite, enfants ; la journée s'avance et il faut que nous fassions une grosse provision de bois d'ici ce soir : Tenez, venez par ici, j'aperçois un endroit couvert de branches mortes. C'est l'ouragan de ces jours-ci qui les aura brisées.

POUCET, à part, au moment où il arrive en face de la scène.

Cette fois, je suis bien sûr de retrouver mon chemin. On m'a empêché d'aller ramasser des cailloux ce matin, mais le pain que j'ai semé fera la même chose ! Allons vite retrouver mes frères pour que mon père ne se doute de rien.

(Il court pour rattraper les autres.

GUILLAUME

Toujours le dernier, Monsieur Poucet ! C'est le malheur d'avoir de si petites jambes !...

GUILLAUMETTE

Laisse-le donc tranquille ! Comment as-tu encore le courage de te moquer de lui. (A part.) Ah ! que j'ai donc le cœur triste !

(Elle essuie ses yeux et se met à ramasser des branches.)

GUILLAUME

Dis-donc, Pierrot, toi qui a toujours une chanson toute prête, c'est le moment d'entonner quelque chose, il n'y a rien qui aide mieux à travailler !... L'ouvrage va tout seul !

PIERROT

Oui, père ! Alors, je commence, les autres répéteron le refrain.

(Il chante.)

(Air : *A Parthenay il y avait.*)

Premier Couplet

Le petit rossignol des bois,
   Là-haut sur un vieux chêne,
Dans sa chanson, à pleine voix,
   Disait : « J'ai vu la reine,
     Deux fois. »

Et lon lon la, lan de rirette
Et lon lon la, lan de riré.

TOUS LES ENFANTS

Et lon lon la, lan de rirette
Et lon lon la, lan de riré.

COLAS, fait signe à son frère de le laisser chanter à son tour.

Deuxième Couplet

La reine a dit : « Rossignolet
   Je t'offre, si tu m'aime,
Au lieu de ta sombre forêt,
   Mon palais de Bohême
     Coquet ! »

Et lon lon la, lan de rirette
Et lon lon la, lan de riré.

TOUS LES ENFANTS

Et lon lon la, etc., etc.

POUCET, se redresse pour chanter,

Troisième Couplet

« Le palais serait sombre tour
    Croyez-le, belle reine !
Pour moi plus de chant, plus d'amour
    Si loin de mon vieux chêne
      Un seul jour. »

Et lon lon la ! lan de rirette
Et lon lon la ! lan de riré.

TOUS LES ENFANTS

Et lon lon la, etc., etc.

(Les enfants continuent à travailler et s'écartent un peu les uns des autres. Pendant leur chant, les parents s'éloigneront et se rapprocheront du devant de la scène. La mère se retournera plusieurs fois pour les regarder. Le père lui fera des signes d'impatience, et, la prenant par le bras, l'amènera jusque sur le devant de la scène.)

GUILLAUME, aussitôt après la fin du chant.

Pas d'enfantillage, Guillaumette. Pressons-nous, il est temps de rentrer à la maison, la nuit va venir. Marchons !

GUILLAUMETTE

Tiens, laisse-moi aussi dans cette forêt. Je veux y mourir avec mes enfants ! Laisse-moi, te dis-je, je n'ai plus la force de faire un pas...

GUILLAUME

A quoi servent toutes ces simagrées? Tu sais ce qui est convenu. Tu ne peux rien faire pour tes enfants à l'heure qu'il est. Abandonnons-les donc à leur sort. La fortune leur sourira peut-être.

GUILLAUMETTE, se penchant pour regarder ses enfants.

Je veux les regarder une dernière fois. (Elle se relève et chante tristement :)

(Air : *Tu vas quitter notre montagne.*)

Premier Couplet

Désormais dans notre chaumière
Tout restera silencieux ;
Mes yeux troublés dans ma prière,
Ne verront point l'étoile aux cieux.
Car chez nous, plus de voix joyeuse,
Plus de baisers, matin et soir.
Ah! qu'une mère est malheureuse
Sans vous entendre et sans vous voir.

Oh! mes enfants, adieu ! } *(Bis.)*
A la grâce de Dieu
   Adieu
A la grâce de dieu.

(Elle se redresse et montre le ciel.)

Deuxième Cou...

On me l'a dit : « Le ciel protège
Les plus faibles des passereaux. »
Seigneur, des loups et de la neige
Gardez-bien mes tendres agneaux.
Ecoutez la voix d'une mère,
Dans la forêt, guidez leurs pas !
C'est en vous que mon cœur espère
Oh ! ne les abandonnez pas.

Pauvres enfants, adieu !
Je vous confie à Dieu

Pauvres enfants, adieu !   ⎫
A la grâce de Dieu   ⎬ (Bis.)
Adieu !   ⎭
A la grâce de Dieu.

(Elle essuie ses yeux et reprend son panier qu'elle avait posé par terre.)

GUILLAUME, la prenant par la main et l'entraînant.

Vraiment ! C'est abuser de ma patience ! Les enfants s'apercevront tout à l'heure que nous sommes partis. Suis-moi et finissons-en. (Ils disparaissent tous les deux.)

SCÈNE II

DOMENICO suivi de TROIS BRIGANDS

DOMENICO, aux autres.

Vous voyez, notre affaire marche. Le père a tenu parole, il a amené les enfants. J'ai eu quelques craintes un instant à cause de la mère. (Regardant à travers les arbres.) Ils sont très occupés, ma foi!

UN BRIGAND

Alors, nous allons les emmener de suite?

DOMENICO

Non, non, ils ne voudraient pas nous suivre; ils se méfieraient de quelque chose, surtout le plus petit qu'on appelle Poucet et qui est, paraît-il, le plus avisé de tous... Laissons la nuit arriver; alors, ils auront peur de rester dans la forêt et ils seront trop heureux de nous rencontrer.

UN BRIGAND, aux autres.

C'est vrai, Domenico a raison. ma foi! (Soupirant.) C'est égal, je me demande ce que le seigneur Ogre, baron de Torticol, peut faire de tous ces enfants auxquels nous faisons la chasse pour lui.

DOMENICO

Ce qu'il en fait! Ah ça, tu es naïf, toi! Mais il les mange!... Les ogres ne se nourrissent pas autrement que de chair fraîche! Seulement, ceux-là, il ferait bien, à mon avis, de les garder et de les laisser grandir!

UN BRIGAND

Et pourquoi ceux-là plutôt que les autres?

DOMENICO

Parce qu'ils sont sept frères, ce qui ne se rencontre pas tous les jours, et qu'il a sept filles... Et puis il serait prudent de les garder pour répondre aux rumeurs qui circulent. — On dit que le roi s'en est ému, et il pourrait arriver malheur au baron de Torticol

UN BRIGAND

Ah! je comprends; alors il en ferait des maris pour ses filles!... Tiens, tiens, c'est une idée!... Mais c'est une trouvaille que nous aurons faite là, en lui amenant ces sept garçons! J'espère que la récompense sera double?...

DOMENICO

Sois tranquille, je me charge de me faire grassement payer... Dam! le métier n'est pas déjà si agréable! Se faire raccoleur d'enfants... (Soupirant.) — On a tant de peine à gagner sa pauvre vie! Mais ne perdons pas notre temps à bavarder. Nous reviendrons ici à la nuit.

UN BRIGAND

Allons finir notre partie de dés en attendant.

(Ils s'éloignent par un des côtés. Les enfants arrivent sur le devant de la scène par l'autre.)

LUCAS, regardant de tous côtés.

Tiens! où sont donc papa et maman, je ne les vois plus!

PIERROT

Ils sont peut-être allés un peu plus loin. Attendez !
(Il fait signe à trois de ses frères.) Vous, cherchez de ce côté
(Il désigne les autres.) et nous de celui-ci.

LES ENFANTS, s'écartant à droit et à gauche et appellent de toutes leurs forces.

Papa ! Maman ! Où êtes-vous ! Maman ? Papa !...

PIERROT

C'est drôle, personne ne répond. Maman ! Papa !
(Il écoute.)

POUCET, à part, levant un doigt.

Personne ne répondra, allez ! Ils sont partis, bien partis !...

TOUS LES ENFANTS, revenant en pleurant.

Ah ! nous sommes perdus ! Qu'allons-nous devenir ? Papa et maman où sont-ils, mon Dieu ? hi ! hi ! hi !

POUCET

Ne pleurez pas, mes frères. Suivez-moi plutôt ; j'espère, comme l'autre fois, retrouver le chemin et vous ramener à la maison.
(Il va en avant et examine attentivement la route ; il fait un signe d'étonnement.)

PIERROT

Eh bien! que regardes-tu donc? Tu cherches quelque chose?

POUCET

Mais oui, je cherche les miettes de pain que j'avais semées le long de la route, quand nous sommes venus ce matin et qui devaient me servir à la reconnaître. (Il se frappe le front.) Que je suis sot! je n'y avais pas pensé... Les oiseaux du ciel les auront mangées!

TOUS LES ENFANTS

Oh! mais alors, nous sommes perdus tout à fait?

COLAS, se serrant contre un de ses frères.

Que j'ai peur! Voyez ce gros nuage au-dessus de nos têtes. Il va faire de l'orage et puis la nuit arrive.

PIERROT, entendant un violent coup de tonnerre.

C'est le tonnerre! entendez-vous?

(La forêt s'obscurcira de plus en plus.)

TOUS LES ENFANTS se serrent les uns contre les autres et poussent des cris d'effroi.

Au secours! Au secours!

COLAS

Les loups vont nous manger!

(Un autre coup de tonnerre.)

TOUS LES ENFANTS, courant éperdus de tous côtés

Sauvons-nous ! sauvons-nous !

POUCET

Mes pauvres frères, à quoi cela vous servira-t-il de crier et de pleurer? Laissez-moi faire, je vais grimper sur un arbre et j'apercevrai peut-être quelque lumière qui nous guidera pour sortir de cette affreuse forêt.

(Il grimpe sur un arbre pendant que ses frères attendent au pied de l'arbre.)

PIERROT

Vois-tu quelque chose, Poucet?

POUCET

Pas encore! je cherche à distinguer à travers l'obscurité... Attendez! Si, si, j'aperçois une petite lumière...

LES ENFANTS

Quel bonheur !

POUCET

Oh! mais elle est bien faible et elle paraît bien éloignée... Je cherche à distinguer de quel côté elle se trouve.

COLAS

Descends vite, maintenant...

POUCET, descendant.

Ah! j'espère que nous pourrons enfin sortir d'ici! (Arrivé au bas de l'arbre, il abrite ses yeux avec sa main et cherche à distinguer dans le lointain.) Ah! mon Dieu, c'est que je ne la vois plus du tout, cette lumière. Seulement, je crois qu'elle se trouve à droite. Allons! du courage, mes frères, suivez-moi, il faut essayer d'y arriver.
(Ils avancent de quelques pas, puis Colas et deux ou trois enfants se laissent tomber en pleurant.)

COLAS

C'est impossible, nous n'arriverons jamais. Oh! pourquoi papa et maman nous ont-ils abandonnés? Moi, j'aime mieux rester ici et mourir.

SCÈNE III

LES MÊMES, DOMENICO, suivi des TROIS BRIGANDS

DOMENICO

Je ne me trompe pas, ce sont bien des enfants qui sont là et que nous avions entendu pleurer. Pauvres petits! vous êtes perdus, égarés sans doute dans cette forêt? Mais vous allez nous suivre et, avec nous, vous n'aurez rien à craindre.

LES ENFANTS, joignant les mains.

Conduisez-nous chez nos parents!

DOMENICO

La nuit est trop avancée, mes enfants, et nous ne connaissons pas la route qui mène à votre logis, mais en attendant...

POUCET, l'interrompant.

Tout à l'heure, en montant sur l'arbre, j'ai aperçu une petite lumière et nous avons cherché à nous diriger de ce côté-là.

DOMENICO

Oh! jamais vous n'y seriez arrivés tout seuls, mes petits amis. Mais c'est justement là que nous allons vous mener. Cette lumière venait du château auquel cette forêt appartient. Ce château est habité par un seigneur puissant et riche qu'on appelle le baron de Torticol. Mes compagnons et moi, nous sommes connus de lui, et conduits par nous, vous êtes certains d'être bien reçus chez lui. Le seigneur Torticol a un pouvoir merveilleux que lui a donné, dit-on, une fée de ses amies; lorsqu'il le veut, il peut rendre inabordable l'entrée de son château. Une force invisible arrête à l'entrée ceux qu'il ne veut pas recevoir. Au contraire, pour ceux en faveur desquels il est bien disposé, les arbres s'écartent d'eux-mêmes sur leur passage et leur laisse un chemin tout tracé qui les conduit devant le château du noble baron.

C'est ce qui va probablement arriver pour nous, car, je vous l'ai dit, nous sommes de ses amis.

(Les brigands suivis des enfants font quelques pas en avant. — A ce moment, le décor de la forêt s'ouvrira et l'on apercevra, en avant, soit au fond du théâtre, soit sur un des côtés, le château de l'ogre éclairé dans l'intérieur par des lumières. — En avant, une large poterne entourée de sentinelles. — Deux sentinelles s'avanceront vers les brigands et les enfants.)

SCÈNE IV

LES MÊMES, DEUX SENTINELLES

LES DEUX SENTINELLES, avec l'arquebuse au bras, suivies de quatre porteurs de lanternes. Chantant.

(Air: *Qu'est-ce qui passe ici si tard.*)

Premier Couplet

Qui donc ose passer la nuit,
Si près de ce noble domaine?
Qui donc ose passer la nuit?
    Quel est le mot du guet?

DOMENICO, montrant un papier.

Deuxième Couplet

J'avais un ordre pour minuit,
Qui vient de votre capitaine,
J'avais un ordre pour minuit,
    Voici le mot du guèt!

(Il fait signe aux autres brigands qui s'avancent et chantent.)

LES BRIGANDS ET DOMENICO, montrant les enfants

(Les sentinelles, suivis des porteurs de lanternes, escortent les brigands et les enfants en les guidant vers la poterne qui s'abaisse. Ils pénètrent dans le château pendant le dernier couplet.)

Troisième Couplet

Laissons passer vite et sans bruit
Ces enfants, c'est de bonne aubaine,
Laissons passer vite et sans bruit
Ils ont le mot du guet.

(*La toile se baisse.*)

FIN DU DEUXIÈME ACTE.

TROISIÈME ACTE

SCÈNE PREMIÈRE

L'OGRE, DAME CUNÉGONDE

La scène représentera une salle à manger avec mobilier moyen-âge. Au milieu, une table chargée d'un énorme rôti. Le couvert sera mis; l'Ogre, assis devant la table, découpera le rôti avec un grand couteau. — La femme de l'Ogre se tiendra debout en face de lui.

L'OGRE, *repoussant son assiette d'un air furieux.*

Ah! j'en ai assez! Qu'on m'enlève tout cela!

DAME CUNÉGONDE

Quoi donc, mon ami? Que désirez-vous?...

L'OGRE, *brandissant son grand couteau, se lève et regarde autour de lui.*

Eh! vous les avez bien, ce qu'il me faut! De la chair fraîche, Madame, de la chair fraîche! Voilà plusieurs jours que j'attends le retour de Domenico qui s'est mis à la recherche des sept petits garçons dont il m'avait parlé, il y a déjà longtemps! De fins morceaux, paraît-il! (Il fait claquer sa langue.) Tenez, l'eau m'en vient à la bouche! Mais je ne vois rien venir et je commence à perdre patience! (Il se promène dans la salle.) Demain, sans plus tarder, je mettrai mes bottes de sept lieues et j'irai moi-même à la recherche de ce butin!

DAME CUNÉGONDE, secouant la tête.

Je ne vous conseille pas, si l'on vous amène ces enfants, de les sacrifier comme tant d'autres, à vos goûts féroces! Vous savez que le baron de Torticol est surveillé par la police du roi, et nous pourrions bien voir quelque jour ici, ou plutôt quelque nuit, une descente de la maréchaussée.

L'OGRE

Ah çà! vous radotez comme une vieille chouette! La maréchaussée chez le baron de Torticol! Il ferait beau voir ça! Nous avons ici, dame Cunégonde, des oubliettes pour recevoir messieurs les archers et le lieutenant du roi lui-même! Ah! ah! ah! quel oiseau de malheur vous faites!... (On entend un bruit de ferraille.) Mais quel est ce bruit? On dirait la herse du pont qu'on relève... (Il écoute.) Et j'entends grincer les verrous à la poterne. Ah! si c'était Domenico et les enfants! Entendez-vous? On monte l'escalier de la tour...

DAME CUNÉGONDE, se rasseyant et penchant sa tête sur sa main.

Il est dit que nous ne dormirons pas cette nuit! Heureusement que mes filles sont couchées.

SCÈNE II

LES MÊMES, UN GARDE, DOMENICO, POUCET et SES FRÈRES

UN GARDE, entrant avec une lanterne à la main.

Seigneur Torticol, voici des gens qui demandent à vous parler. Ils avaient le mot du guet et les sentinelles les ont laissés passer.

L'OGRE

C'est bien, garde! Faites-les entrer ici et laissez-nous.

(Le garde fait entrer Domenico et les enfants, puis il se retire.)

DOMENICO

(Il s'incline devant dame Cunégonde et s'avance vers l'Ogre qui s'est assis. Les enfants restent timidement près de la porte. Poucet seul regarde hardiment autour de lui.)

Seigneur Torticol, j'ai tenu parole. Voici les enfants! Beaux et bien faits, comme vous voyez! Ah! cela m'a coûté cher! Les derniers écus y ont passé, car le père (Il baisse la voix.) hésitait à les vendre; et, quand à la mère, s'il n'y avait eu qu'elle, je crois que nous ne les aurions pas encore!

DAME CUNÉGONDE, à part.

Pauvre mère! pauvres enfants! Ils sont charmants avec cela! Oh! je veux tout faire pour les sauver.

L'OGRE, avec une grosse voix.

Allons, approchez, petits ! (Les enfants se cachent le visage et ne bougent pas.) Est-ce que vous avez peur ? On ne vous mangera pas, ventrebleu ! (A part.) Du moins, pas ce soir !

DOMENICO, s'approchant de l'ogre.

Seigneur Torticol, laissez-moi vous dire que le métier que vous nous faites faire devient dur et dangereux. Je ne tiens pas, pour ma part, à être roué vif ou pendu ! Vous savez tout ce qui se raconte dans le pays au sujet de ces disparitions d'enfants ? Nous avons su, mes camarades et moi, que la maréchaussée faisait une battue à notre intention et je ne serais pas étonné de voir apparaître ici, M. le lieutenant du roi et ses archers.

L'OGRE

Parle donc plus bas, prophète de malheur. (A part.) Une idée ! Si je gardais ces enfants jusqu'à la visite probable du lieutenant du roi ? Tiens ! (Il lui jette une bourse.) Voilà, je crois, qui calmera tes craintes et tes scrupules.

DOMENICO, s'inclinant très bas et saisissant la bourse.

Seigneur Torticol, il est impossible de résister à vos encouragements. Domenico est toujours à vos ordres.

L'OGRE, se levant, allant vers les enfants.

Voyons! voyons! que je fasse connaissance avec ces nouveaux visages. (Il s'adresse au plus petit.) Comment t'appelles-tu, toi?

POUCET, tournant son bonnet dans sa main.

Poucet, seigneur! On m'appelle le *Petit Poucet*, et voilà mes frères! Nous sommes de pauvres enfants égarés dans la forêt et nous voudrions bien revenir chez nos parents. (Joignant les mains.) Oh! seigneur, faites-nous conduire auprès d'eux; ils doivent être si tristes de ne plus nous voir! A cette heure, je suis sûr que maman pleure!

DAME CUNÉGONDE, à part.

Pauvres petits!

L'OGRE

Ne craignez rien, mes enfants, bientôt vous les verrez. Pour le moment, vous êtes chez le haut et puissant baron de Torticol où de grands honneurs vous attendent. Demain, à l'aube du jour, vous entendrez de joyeuses fanfares; ce sera le signal de la fête qui va avoir lieu dans ce château pour les fiançailles de mes sept filles. Elles doivent choisir, parmi les jeunes seigneurs qui leur seront présentés, ceux qui leur plairont le plus comme maris; mais je crois qu'elles ne se décideront que lorsqu'elles auront rencontré les sept frères... et... c'est une chance pour vous ! (A part.) Morbleu ! cela ne coûte rien d'embellir les choses !

POUCET

(A part.) Tout cela est bien extraordinaire ! (Haut.) Mais, seigneur, comment ferons-nous au milieu des beaux seigneurs et des belles dames ? Comment parler ? Comment nous tenir ?...

L'OGRE

Il n'y a rien d'impossible chez moi, je vous l'ai dit. Et pour vous donner une preuve de ma puissance, vous voyez ces bottes que je porte ; une fée de mes amies leur a octroyé un don extraordinaire : elles peuvent faire sept lieues à la fois, et, de plus, elles s'agrandissent, s'il est nécessaire, pour le pied qu'elles doivent chausser.

POUCET

Pardon, seigneur, est-ce que ces merveilleuses bottes pourraient aussi se rapetisser si elles devaient s'adapter à un très petit pied ?

L'OGRE

Mais certainement, cela n'est pas douteux. Allons, dame Cunégonde, chargez-vous de ces enfants, faites-les reposer, puis habiller et transformer. Je désire qu'ils figurent avec mes filles dans ce pas nouveau qu'elles doivent exécuter devant nos invités ! Toi, Domenico, tu peux rester au château et tu verras de tes propres yeux la surprise de M. le lieutenant de police, qui sera fort édifié, je suppose, des choses qu'il trouvera ici, s'il met le pied en mon domaine. Veille à ce que l'entrée lui en soit facilitée !

(Domenico s'incline et sort.)

DAME CUNÉGONDE

J'emmène ces enfants, et je vais préparer comme il convient le grand salon d'honneur.

L'OGRE

Oui, je vous rejoindrai. Il faut que je change de costume. (Il sort par l'un des côtés.)

POUCET, à part.

Que va-t-il se passer ? Je ne sais pourquoi je me méfie. Nous verrons bien ! Petit Poucet est un malin.

(Les enfants sortent avec dame Cunégonde par l'autre côté. — Le décor s'ouvre. Changement à vue. — Au moment où l'Ogre sortira par un des côtés et sa femme par l'autre, on entendra des fanfares jouer l'air de chasse du *Roi Henri*. Le décor, en s'ouvrant, laissera voir une salle superbement décorée, avec une large fenêtre d'où l'on apercevra, dans la perspective, un paysage de montagnes et de sapins couverts de neige. Sur l'un des côtés, un trône pour l'Ogre et pour sa femme. — A leurs pieds, quatorze tabourets de velours, sept à droite et sept à gauche, destinés aux filles de l'Ogre et à leurs fiancés. — Aussitôt le changement de décor, la musique cessera de jouer la fanfare et fera entendre, en sourdine, l'air de la *Petite Margot*. — Plusieurs serviteurs sont encore occupés à ranger la salle.)

SCÈNE III

AGNÈS, ROSA, LINA, BERTHA, ITHA, WILHELMINE et SABINE

Elles seront vêtues en robes de satin rouge bordées de cygne, corsage garni de cygne et petite coiffure garnie de cygne également; jupons courts, petites bottes montantes avec fourrure.

AGNÈS

(Elle est debout devant la fenêtre et se retourne.) Que mes sœurs sont longues à leur toilette; l'heure s'avance et tout le monde va arriver. J'aurais pourtant bien voulu les voir un instant seules, ici!... J'ai fait un rêve si joli cette nuit; je suis pressée de le leur raconter... (Wilhelmine entre.) Ah! voici Wilhelmine! (Bertha et Lina entrent par une autre porte; elle va vers ses sœurs et les embrasse.) Bonjour, Bertha! Bonjour Lina!

BERTHA

Toujours la première prête, Agnès!

(Itha et la sixième sœur entrent et embrassent les autres.)

AGNÈS

Sabine n'est pas prête ? Ah! la voilà (Elle l'embrasse.)

SABINE, courant vers la fenêtre.

Oh! comme la neige est tombée cette nuit? Que c'est joli! Les sapins sont tout blancs.

BERTHA

Il ne devait pas faire bon dehors! Ma dame d'atours me disait ce matin, pendant qu'on m'habillait, qu'il y avait eu un violent orage dans la plaine... Ici, sur la montagne, nous ne voyons guère que la neige.

LINA

Je plains les malheureux qui auraient eu besoin de traverser la grande forêt qui est au pied de la montagne.

ITHA

Et qui donc, mon Dieu! pourrait s'aventurer ainsi?

AGNÈS

Qui? On ne peut jamais savoir!... Tenez, ne perdons pas de temps à bavarder. J'ai quelque chose à vous dire, vite, avant qu'on n'arrive ici. J'ai fait un rêve cette nuit, un charmant rêve.... (Elle les prend toutes par la main et les conduit vers les sept tabourets. Les six sœurs s'assoient. Agnès reste debout devant elles.) Il s'agit de fiancés pour nous, et dans mon rêve... Enfin! Écoutez?

(Elle chante.)

(Air : *La Petite Margot.*)

Premier Couplet

Tout reposait, là-haut, dans la tourelle;
L'aube naissait et le cor des chasseurs
Faisait trembler la timide gazelle.
Moi, je dormais, auprès de vous, mes sœurs!

Quand, tout à coup, j'aperçus un nuage,
Puis une fée apparut à son tour,
Elle me dit : « Vous attendez, je gage,
Sept fiancés aussi beaux que le jour. »

TOUTES LES SOEURS, en chœur.

Tout reposait là-haut, dans la tourelle;
L'aube naissait et le cor des chasseurs,
Faisait trembler la timide gazelle
Et vous dormiez à côté de vos sœurs !

AGNÈS

Deuxième Couplet

Elle ajouta : « Pour vous, ils sont en route ;
A votre fête, au milieu des seigneurs,
En les voyant vous n'aurez aucun doute :
Un tendre émoi fera battre vos cœurs. »

TOUTES LES SOEURS, en chœur.

Tout reposait, là-haut, dans la tourelle, etc.

AGNÈS

Troisième Couplet

Mais vous savez comme un songe s'achève;
Et cependant tout me dit qu'en ces lieux
Nous allons voir, ainsi que dans mon rêve,
Sept fiancés, sept époux merveilleux.

TOUTES LES SOEURS, en chœur.

Oui, nous savons comme un songe s'achève ;
Et cependant nous croyons qu'en ces lieux
Nous allons voir comme dans votre rêve,
Sept fiancés, sept époux merveilleux !

WILHELMINE

Vous êtes bien heureuse, Agnès, de faire d'aussi jolis rêves... Pour moi, les miens sont toujours désagréables !...

AGNÈS, se levant.

Chut ! On vient ! Je reconnais le pas de la garde d'honneur qui précède le baron de Torticol, notre père.

(Les gardes d'honneur entrent, la hallebarde sur l'épaule, et vont se placer autour du trône ; ils sont suivis de deux pages.)

SCÈNE IV

LES MÊMES, L'OGRE, DAME CUNÉGONDE, DAMES, SEIGNEURS, PAGES, GARDES, OFFICIERS

L'OGRE

(Il entre avec sa femme ; tous deux en costume de gala. Leurs sept filles vont au-devant d'eux.)

(Montrant les filles à sa femme.) Voilà de beaux brins de filles, madame la baronne, qu'en dites-vous ?

DAME CUNÉGONDE

(Distraitement.) Oui, certainement. (Tristement.) Hélas! Malheureusement, ce sont de petites ogresses!

(Les jeunes filles baisent la main de leur mère, entourent leurs parents et viennent s'asseoir à leurs pieds. — Les dames, les seigneurs se groupent dans la salle et autour du trône. Il y aura plus de dames que de seigneurs.)

UNE DAME, à un seigneur.

Si j'ai bien compté, il y aura au moins sept danseuses qui resteront sans cavalier.

LE SEIGNEUR

Oui, vous avez raison, les cavaliers manquent absolument ici. Mais qu'est-ce donc que ces sept tabourets à côté de ceux des jeunes princesses?... Ah !

L'OGRE, se levant.

Belles dames, nobles seigneurs, permettez-moi, avant l'ouverture de ce bal, de vous présenter à tous sept jeunes cavaliers envoyés ici par une fée de mes amies et qui vont avoir l'honneur de figurer parmi vous. (La musique jouera l'air de « la Krakovienne ». Il fait signe à deux pages.) Allez!

(Les pages sortent.)

AGNÈS, à ses sœurs.

Mon rêve!

SCÈNE V

LES MÊMES, POUCET, COLAS, LUBIN, PIERROT, JACQUOT, LUCAS, FANFAN

(Les pages rentrent précédant les sept enfants. Ceux-ci porteront de petits costumes polonais, veste de satin rouge garnie de cygne petites bottes, schapska (bonnet garni de fourrure).

POUCET, à ses frères.

Suivez-moi, nous verrons bien la fin de cette aventure ?

(Les enfants s'avancent et s'inclinent devant l'Ogre et sa femme.)

L'OGRE, à ses filles.

Voilà, mes filles, les cavaliers destinés à figurer avec vous dans la *Krakovienne*, la danse que j'aime tant, vous savez, et qui doit être exécutée ce soir, après le *passe-pied du roi*.

(Les sept frères saluent profondément les jeunes filles ; celles-ci font la révérence, puis ils s'assoient sur les sept tabourets préparés pour eux.)

LUBIN, bas à Poucet.

Comment ferons nous pour danser ?

POUCET, de même.

Je n'en sais rien ! Mais tout est si extraordinaire

dans ce qui nous arrive, que tu verras que nous saurons sans avoir appris. Ne t'inquiète pas.

UN PAGE, s'avançant vers l'Ogre.

Seigneur, selon votre bon plaisir, on va commencer les danses par le *passe-pied du roi.*

> Il salue et se retire. Les cavaliers invitent leurs danseuses. Les sept frères invitent les sept sœurs. Danse générale. On pourra, à volonté, faire exécuter aux enfants une ancienne danse : le *passe-pied du roi.* Puis, avec sept groupes, une danse à caractère, *krakovienne* ou *varsovienne.* Si l'on veut simplifier les choses, on fera exécuter un quadrille à tous les danseurs et ensuite aux sept couples une mazurka. Pendant que les sept frères et les sept sœurs exécuteront la deuxième danse, les autres danseurs feront cercle et les regarderont. — A la fin de cette figure, la danse et la musique seront interrompues par l'arrivée précipitée de Domenico, suivi du lieutenant de police et de plusieurs archers.

SCÈNE VI

LES MÊMES, DOMENICO, LE LIEUTENANT DU ROI

et LES ARCHERS

DOMENICO, accourant très effrayé ; il fait signe aux musiciens de s'arrêter.

Il faut que je parle au baron de Torticol...

UN GARDE, l'arrêtant.

Quel est cet audacieux !...

DOMENICO, le repoussant.

Laissez-moi passer, vous dis-je! Le Lieutenant du roi et les gardes de la maréchaussée me suivent!

LE GARDE, se reculant.

Le Lieutenant du roi! la maréchaussée!

PLUSIEURS ASSISTANTS, de bouche en bouche et se regardant.

Le Lieutenant du roi!... La maréchaussée!...

L'OGRE, à sa femme.

Que se passe-t-il donc?...

DOMENICO, très rapidement, en arrivant devant le trône.

Seigneur Torticol! la maréchaussée! le Lieutenant du roi!... Les voilà!...

(A ce moment le Lieutenant du roi et la maréchaussée feront leur entrée.)

DAME CUNÉGONDE

Ciel! nous sommes perdus! Ah! si vous m'aviez écoutée!...

L'OGRE, effrayé.

Trêve de vos sermons à présent! (A part.) Ventre-bleu! Ce n'est pas une plaisanterie! Ne perdons pas la carte; il s'agit de tenir tête au Lieutenant du roi ! (Il fait quelques pas vers le groupe, qui s'arrête en face de lui.) Messieurs, de quoi s'agit-il ?

LE LIEUTENANT DU ROI

Seigneur Torticol, depuis longtemps des bruits circulent dans le pays contre vous; on vous accuse de voler et de faire disparaître des enfants sans qu'on ne sache jamais ce qu'ils sont devenus ! Jusqu'ici, la police du roi vous surveillait, mais il n'y avait aucune preuve qui pût donner raison à ces bruits fâcheux. Cette nuit nos archers ont vu des sbires racolant sept petits garçons, les sept enfants d'un pauvre sabotier, et qui les ont conduits cette nuit dans ce château : ils les ont suivis et m'ont aussitôt prévenu. Le château va être fouillé de fond en comble pour retrouver les enfants. Quant à vous, nous allons vous emmener. Voici l'ordre d'arrestation. (Il montre un papier.) Ordre du roi ! Archers, avancez, faites votre devoir !

LES ASSISTANTS, à droite.

C'est un scandale !

LES ASSISTANTS, à gauche.

C'est une infamie ! Est-il possible ?

L'OGRE, se redressant.

Vraiment ! la farce est bonne ! Monsieur le Lieutenant du roi, on vous a induit en erreur. Je connais depuis longtemps ces bruits à mon endroit. C'est une légende, une véritable légende! Quant aux sept petits garçons qui sont entrés cette nuit dans mon domaine, ils y ont été amenés par mon ordre; mais loin de leur vouloir aucun mal, je les destine à devenir les époux de mes filles, je leur prépare un brillant avenir!

LE LIEUTENANT DU ROI

Tout cela, seigneur Torticol, ce sont de vaines paroles qui ne vous sauveront pas!

L'OGRE

Monsieur le Lieutenant du roi, vous voulez une preuve? Je vous présente dans les jeunes cavaliers que voici les sept petits garçons enlevés, dites-vous, par mes ordres, cette nuit.

LE LIEUTENANT DU ROI, surpris.

Ces jolis seigneurs!

L'OGRE

Oui, et, dès ce soir, les fiancés de mes filles; vous pouvez donc rassurer le roi sur mes intentions et détruire dans l'esprit de Sa Majesté la méfiance que la jalousie de certains autres de ses sujets a suscitée à mon endroit. Monsieur le Lieutenant, si vous vouliez nous faire l'honneur de nous consacrer quelques instants, le temps de finir les danses, et prendre quelques rafraîchissements? (A Domenico.) Domenico, veillez à ce qu'on fasse rafraîchir la troupe de M. le Lieutenant.

(Ils sortent.)

LE LIEUTENANT DU ROI

Je vous remercie, seigneur Torticol, pour moi et mes hommes. Quelques instants seulement, car il me tarde d'aller dire au roi ce que j'ai vu et de confondre vos calomniateurs.

L'OGRE

Oublions cet incident et restons tout à la joie de cet heureux jour.

(Il remonte sur son trône, indique un siège au Lieutenant et fait signe aux musiciens. La musique reprend l'air de la *Krakovienne*. — Les sept couples recommencent la figure, tandis que les assistants font cercle.)

LE LIEUTENANT DU ROI, s'avançant, la danse finie.

Seigneur Torticol, avant de me retirer, je tiens à vous présenter mes excuses avec mes remerciements. Vous aurez en moi un défenseur contre quiconque osera se permettre de coupables insinuations.

L'OGRE, tendant la main.

Je veux croire qu'après votre témoignage, Sa Majesté ne se laissera plus circonvenir. (A part.) Est-il assez naïf!

(*Le Lieutenant s'incline et sort.*)

(Après la danse, chaque cavalier reconduira chaque danseuse à sa place. Puis, les pages circuleront avec des plateaux de gâteaux, de rafraîchissements. Pendant ce temps, l'Ogre et sa femme descendront de leur trône et circuleront au milieu de leurs invités. Les sept frères formeront un groupe debout dans un coin, les sept sœurs un autre groupe du côté opposé.)

DAME CUNÉGONDE, à part, en traversant devant la scène.

J'ai des inquiétudes mortelles pour cette nuit! Je tremble que mon mari ne soit repris d'un terrible désir d'avoir de la chair fraîche! Et malgré tout ce qui se passe ici et tout ce qu'il a pu dire, ces petits garçons seraient perdus comme tant d'autres! Que faire?

(Elle s'éloigne.)

UN PAGE, à l'Ogre, en s'avançant vers la scène.

Seigneur, vos ordres ont été exécutés, on va sonner le couvre-feu, et tout ce qui habite le château défilera ici à la suite de vos invités, pendant que la musique jouera l'air de la retraite.

L'OGRE

C'est bien, cela suffit. (Le page salue et s'éloigne.) Ah! enfin, je vais être le maître chez moi. M. le Lieutenant du roi est parti et cette nuit, cette nuit, pas plus tard (Il montre le groupe des petits garçons.), je vous retrouverai, mes petits. Ils doivent être tendres et gras comme de vrais ortolans. Ils ont bien soupé, ce soir, ils seront à point.

POUCET, qui se tient derrière l'Ogre, sans être vu, écoute.

(A part.) Dieu? Que dit-il? Il veut nous manger? C'est un ogre!

L'OGRE fait un signe à dame Cunégonde qui se rapproche.

A propos, dame Cunégonde, quelle coiffure portent donc nos filles pendant la nuit?

DAME CUNÉGONDE

Mais, vous le savez bien, elles portent ces petites couronnes d'or qui ornent leur coiffure, ce soir, et qui ne les quittent jamais; c'est vous-même qui les leur avez données.

L'OGRE

Ah! oui, c'est vrai; mais vous n'avez pas les pareilles pour les sept garçons qui sont là?

DAME CUNÉGONDE

Mais non, je leur mettrai tout simplement de petits bonnets de nuit. (A part.) Pourquoi me demande-t-il cela?

L'OGRE

(A part.) C'est bon à savoir! Car j'aurais pu confondre et égorger mes filles à la place de ces petits garçons.

Maintenant je saurai les distinguer. Dites-moi, dame Cunégonde (On entend sonner le couvre-feu.), voilà le couvre-feu! Il est temps que chacun prenne un peu de repos. Nos invités vont nous faire leurs adieux.

(L'Ogre et sa femme remontent vers leur trône. Les danseurs et les danseuses se rejoignent par groupes et défilent en saluant devant l'Ogre et dame Cunégonde. Chacun des sept frères prendra la main de l'une des filles de l'Ogre.)

POUCET, devant la scène, pendant que l'Ogre s'éloigne avec sa femme.

Ah! ah! monsieur l'Ogre! Petit Poucet vous prépare un bon tour: il mettra les couronnes d'or sur la tête de ses frères pendant la nuit, et les bonnets de nuit sur la tête de vos filles. Et si je peux, monsieur l'Ogre, pour qu'il ne vous prenne pas envie de courir après nous, je vous enlèverai vos bottes de sept lieues.

(On joue la retraite. Petit Poucet court rejoindre une des filles de l'Ogre qui a l'air de l'attendre.)

TOUS LES PERSONNAGES EN SCÈNE

Chœur

Air : *La Retraite* (de Loïsa Puget).

C'est la retraite, et ran tan plan,
Au logis que chaque habitant,
C'est la retraite, et ran tan plan,
Rentre sans bruit en cet instant.

LA MOITIÉ DES ACTEURS

Premier Couplet

Après cette fête
Reposons-nous, car il est tard,
Que le veilleur guette,
Du haut du rempart !

Chœur

C'est la retraite, et ran tan plan, etc., etc.

L'AUTRE MOITIÉ DES ACTEURS

Deuxième Couplet

Déjà la chouette
A jeté son cri de la nuit.
La danse s'arrête
Lorsqu'il est minuit.

Chœur

C'est la retraite, et ran tan plan, etc., etc.

(Tous les acteurs qu'on pourra faire figurer défileront devant l'Ogre et sa femme, jusqu'au dernier marmiton du château, paysans, gardes, archers, etc., etc. — On pourra faire faire deux fois le tour de la scène et reprendre le chœur.)

(*La toile se baisse pendant le défilé.*)

FIN DU TROISIÈME ACTE.

QUATRIÈME ACTE

SCÈNE PREMIÈRE

BENOIT, GERVAISE, CLAUDE, JACQUELINE

La scène représente une place foraine. — A droite et à gauche, de petites boutiques et, si c'est possible, un théâtre de saltimbanques devant lequel se fera une sorte de parade avec une grosse caisse. — Dans le fond, on apercevra un carrousel avec chevaux de bois. De petits marchands de gaufres et d'oublies parcourront la place en sens différents. On verra flotter des oriflammes au sommet de plusieurs mâts qui figureront çà et là. — Pendant que la grosse caisse battra, l'orchestre jouera des airs populaires en pot-pourri, tels que : *Trois jeunes dragons, Il était un petit navire, A la façon de Biribi.* Des groupes de paysans se promèneront devant les boutiques, d'autres resteront devant la parade. Une estrade ornée de guirlandes et d'oriflammes s'élèvera au milieu de la place. Au fond, on apercevra une église. — La rosière sera en blanc. Le chaperon de roses sera une sorte de coiffure entièrement garnie de roses. Tous les costumes seront du siècle de Louis XIV : chapeaux à plumes, perruques. — Le bailli, costume de velours noir.

BENOIT, *donnant le bras à Gervaise ; ils s'arrêtent devant la scène.*

C'est pas possible, ce que vous me contez là, la mère ! Le Petit Poucet devenu courrier du roi !

GERVAISE

C'est tel que je vous le dis ! Ah ! dame ! Il s'est passé bien des choses depuis que les enfants du sabotier

Guillaume ont été perdus dans la forêt. Pauvre Guillaumette! En a-t-elle versé des larmes! J'étais sa voisine, comme à présent, et je passais mon temps à la consoler. Ils reviendront, allez! que je lui disais.. Petit Poucet a trop d'esprit pour se laisser manger par les loups ou par les ogres. Qui sait? On le reverra peut-être au village avec un plumet au chapeau! Ah! mais je ne croyais pas être si bon prophète...

BENOÎT, se grattant l'oreille.

C'est égal, la mère, tout ça, voyez-vous!... Enfin, moi je suis comme saint Thomas : pour croire, il faut que je touche.

JACQUELINE, au bras de Claude qui s'appuie sur une canne ; ils s'approchent des précédents.

De quoi parlez-vous donc, vous autres? (Elle se retourne et montre des groupes qui arrivent sur la place.) Oh! oh! voilà qu'on arrive de tous côtés!

GERVAISE

Et de quoi peut-on bien parler, aujourd'hui, ma mie, si ce n'est de l'événement qui vous amène ici comme nous, pas vrai?

CLAUDE

Bah! je suis sûre que la mère Gervaise racontait tout

à l'heure l'histoire du Petit Poucet, car le voisin avait l'air d'ouvrir des oreilles !...

JACQUELINE

Mais moi, je brûle aussi de savoir quelque chose de tout ça. Allons, la mère, nous sommes en avance ; en attendant que le cortège arrive, dites-nous un peu ce qui s'est passé. Car pour moi ce que j'ai entendu raconter ressemble tellement à un conte de fée, que c'est, parole d'honneur ! à n'y pas croire.

GERVAISE

Laissez-moi m'asseoir alors. Je n'en peux déjà plus et la cérémonie sera longue tout à l'heure, car M. le bailli fera un discours, pour sûr ! (Le paysan va lui chercher une chaise.) Ah ! (Elle pousse un soupir.) Merci ! Pour lors, écoutez, les amis ? (Les trois paysans l'entourent.) Vous savez d'abord que tout à l'heure, sur cette estrade que voilà, on va couronner la rosière et que la jeune fille choisie pour cet honneur est Fridoline, la plus sage du village.

CLAUDE

Ma propre nièce ! Ça ! nous le savons et nous savons encore que celui qui a accordé ce grand honneur à notre village d'avoir une rosière tous les ans, c'est un enfant du village et qui s'appelle le Petit Poucet ; mais, ma foi ! il a fait son chemin, car il est, dit-on, devenu courrier du roi, et ce doit être un grand seigneur.

JACQUELINE

Ben oui! voilà ce que tout le monde raconte ; mais ce que je voudrais savoir, c'est ce qui s'est passé après que le Petit Poucet et ses frères avaient été perdus dans la forêt; car ils étaient sept enfants, n'est-ce pas?

GERVAISE

Oui, sept, et de beaux enfants! Justement, ma mie, vous m'avez interrompue tout à l'heure à cet endroit. Je disais donc à Jean-Pierre que les enfants égarés dans la forêt avaient été conduits chez un ogre qui en avait déjà fait disparaître beaucoup d'autres. Cet ogre s'appelait le baron de Torticol. Il avait une très mauvaise réputation, et des scélérats payés par lui battaient la contrée pour lui racoler le gibier de son goût.

JACQUELINE

Cela vous donne le frisson. Alors, Petit Poucet et ses frères sont allés chez lui?

GERVAISE

Oui, mais le malin Poucet, se doutant des intentions de l'ogre qui avait résolu de l'égorger, ainsi que ses frères, après une nuit de fête, changea les bonnets qu'ils portaient tous les sept contre les couronnes qui ornaient la tête des filles de l'ogre pendant la nuit ; et celui-ci, trompé par les apparences...

BENOÎT

Que fit-il, mon Dieu !

GERVAISE

Il égorgea ses propres filles !

LES PAYSANS, ensemble.

Quelle horreur !

GERVAISE

Le matin, la femme de l'ogre s'aperçut de ce qui s'était passé. A la vue de ses filles nageant dans leur sang, elle tomba raide morte à côté du lit.

JACQUELINE, joignant les mains.

Oh ! j'aurais fait comme elle, ça c'est sûr !

GERVAISE

Enfin, pour vous achever l'histoire, Petit Poucet qui avait pris les bottes de l'ogre, des bottes qui étaient fées, voyez-vous, et avec lesquelles on pouvait faire sept lieues dans une seule enjambée, courut avertir M. le lieutenant du roi et la maréchaussée. Ils sont revenus au château, et cette fois M. l'ogre a été pris et pendu. Oui, pendu dans son propre domaine ! Quant au Petit Poucet, pour le récompenser de l'avoir délivré d'un homme qui faisait tout le mal dans le pays, Sa Majesté lui a confié une mission d'honneur et l'a nommé courrier du roi. Puis, le sort de ses frères a été assuré.

BENOÎT

Alors, ils sont tous riches aujourd'hui?

GERVAISE

Je crois bien qu'ils sont riches! Le roi a fait don au Petit Poucet du domaine de l'ogre : château, forêt, et tout ce qui s'y trouve renfermé.

CLAUDE

Ce qui m'étonne, c'est que ces enfants ne soient jamais revenus au pays. Est-ce que peut-être ils rougiraient de leurs parents?

GERVAISE

Eux, rougir de leurs parents! Ah! non, par exemple, car Petit Poucet a autant de cœur qu'il a d'esprit et ce n'est pas peu dire. Vous n'avez donc pas remarqué comme depuis quelque temps Guillaume et Guillaumette sont tout requinqués? Comme ils ont l'air heureux? Eh ben!

BENOÎT

Eh ben, quoi?

GERVAISE

Vous ne devinez pas? C'est Poucet qui veille à ce qu'ils ne manquent de rien! Est-ce que je ne suis pas leur voisine? Est-ce que je ne vois pas les caisses arriver à leur adresse!... Pauv' gens! vont-ils être fiers et heureux tout à l'heure!

CLAUDE

Ah! je comprends à présent! Et je me charge de la fin de l'histoire, les amis: Poucet, aujourd'hui riche et puissant, a voulu devenir le bienfaiteur du village où il est né. C'est lui qui a envoyé à M. le bailli une somme d'argent destinée à la jeune fille la plus vertueuse du village, afin qu'elle soit choisie comme rosière et que cette somme lui serve de dot.

GERVAISE

C'est aujourd'hui la première fois que cette cérémonie va avoir lieu. Il est arrivé du monde de tous les villages voisins. (On entendra le carillon des cloches.) Tenez, entendez-vous les cloches? On va bientôt sortir de l'église et le cortège se rendra ici.

CLAUDE

Et vous oubliez d'ajouter, mère Jacqueline, que le bruit court par ici que Poucet doit venir lui-même remettre à la rosière son chaperon de roses et la somme d'argent qui lui est destinée. Je le tiens de mon cousin germain, qui est jardinier chez M. le bailli et qui doit le savoir.

JACQUELINE

Poucet va venir ! Ses frères aussi, alors ! Oh ! je veux les voir ! Il faut tâcher de nous mettre au premier rang ! Et leurs parents savent-ils qu'ils vont les retrouver?

GERVAISE

Ils doivent se douter de quelque chose, car depuis un mois Guillaumette est dans une joie folle. Elle est rajeunie de dix ans et ne fait que chanter du matin au soir. Oh ! mais regardez là-bas, je ne me trompe pas, voici Guillaume et Guillaumette ; ils sont sur la porte de l'église. Ils viennent de ce côté. (Les cloches continuent à sonner. La musique joue en sourdine l'air : « Tu vas quitter notre montagne, etc. » du premir acte.) Éloignons-nous un peu.

BENOIT, en s'éloignant.

Tout de même, la mère Gervaise, on a bien raison de dire que Dieu bénit les familles nombreuses. Qui est-ce qui aurait jamais cru qu'une pareille fortune viendrait au sabotier Guillaume, si malheureux avec ses sept enfants.

SCÈNE II

LES MÊMES, GUILLAUME, GUILLAUMETTE

GUILLAUMETTE, à son mari, en arrivant sur la scène.

Je ne me tiens plus debout, Guillaume; vois-tu, je ne puis croire à ce qui nous arrive! Revoir nos enfants! mon Poucet! Mais tu ne me réponds pas, Guillaume? N'es-tu pas heureux comme moi?

GUILLAUME, un peu sombre.

Oh! toi, tu n'as rien à te reprocher... mais, moi qui voulais vendre mes enfants pour de l'argent!... J'étais fou, je crois, et ce maudit Domenico m'avait ensorcelé.

GUILLAUMETTE, lui mettant sa main sur la bouche.

Tais-toi, ne rappelle pas ces affreux souvenirs! Les choses ont bien tourné heureusement et nous savons tout ce qui s'est passé par le messager que Poucet a eu soin de nous envoyer depuis qu'il est devenu un si grand personnage!

GUILLAUME

J'ai peur d'une chose, maintenant : si nos enfants allaient rougir de nous!

GUILLAUMETTE

Y songes-tu? Allons, mon ami, tu manques de confiance, c'est déjà ce qui t'a rendu si malheureux la première fois... Tu ne savais plus ce que tu faisais... Moi, j'avais toujours une petite espérance au fond du cœur. Et puis, lorsque je ne pouvais plus rien pour mes enfants, je les ai confiés à la garde de Dieu, et Dieu ne reste jamais sourd à la prière d'une mère. Et maintenant, Guillaume, maintenant qu'ils vont revenir, je ne saurais douter du cœur de mes enfants.

(On entend des airs, la sonnerie des cloches redouble; la musique joue la marche de la rosière; des gardes circulent; la foule se presse autour de l'estrade, les quatre paysans se rapprochent de Guillaume et de Guillaumette.)

UN GARDE, traversant les rangs.

Place ! place ! Voici le cortège !

DEUXIÈME GARDE

Rangez-vous pour M. le bailli !

TROISIÈME GARDE

Place ! Place à la rosière ! (On entendra battre le tambour.)

GUILLAUMETTE, sur un des côtés avec son mari et le groupe de paysans; elle se penche en avant avec anxiété.

La rosière !... Le cortège !... Mais Poucet que tout le monde attend ! Eux, mes enfants ! Est-ce que le messager nous aurait trompés,... Je me sens mourir !...

(Elle s'appuie sur son mari.)

GUILLAUME

Guillaumette !

(A ce moment, la rosière, au bras du bailli, suivie d'un groupe de parents et d'amis, apparaîtra sortant de l'église et se dirigera lentement par la gauche sur le devant de la scène où se trouvera l'estrade. — La musique jouera en sourdine l'air : *C'est fête au village*, du premier acte. Le silence se fera sur la scène un instant.)

GUILLAUMETTE, se redressant et regardant du côté droit de la scène.

Ciel ! Entendez-vous ? Oh ! l'air que je chantais à mes enfants en les berçant le soir. (Tendant les bras.) Poucet ! Mon petit Poucet !

(On entendra battre les tambours et l'on verra paraître un groupe ainsi formé : trompette en avant, quatre tambours, quelques soldats et un officier, costume mousquetaire. Ce groupe formera la garde d'honneur de Poucet et de ses frères. — Puis, Poucet, entouré de ses frères, apparaîtra ; ils porteront, tous les sept, le grand chapeau à plumes Louis XIV. Poucet tiendra une grande canne à pomme d'or, entourée de rubans. — Devant eux, un page portant le chaperon de roses. Derrière eux, des gardes, un héraut d'armes. — Le groupe s'arrête près de l'endroit où se trouvent Guillaumette et son mari. Poucet et ses frères se détachent.)

POUCET, s'élançant vers sa mère ; ses frères font le même mouvement.

Ma mère ! (Il tombe dans ses bras.)

GUILLAUMETTE

Poucet ! c'est toi ! mon enfant ! toujours le même !

Et tous les voilà! Que je vous embrasse, mes enfants!
C'est trop de bonheur!

(Les enfants embrassent, tour à tour, leur mère, puis leur père.)

GUILLAUME, s'essuyant les yeux.

Mes enfants! mes pauvres enfants!

LA FOULE, à droite.

C'est lui! C'est bien lui!

LA FOULE, à gauche.

Les voilà tous!

GERVAISE, à ses voisins.

Je vous l'avais bien dit!

JACQUELINE

Il est toujours petit, mais il a grand air! Ce que c'est que d'être à la cour!...

(Pendant ce colloque, Poucet, suivi de ses frères, monte à l'estrade. La garde d'honneur l'entoure. Ses parents se tiennent à ses côtés.)

POUCET, à la foule.

Mes amis, écoutez-moi un instant. La destinée nous avait conduits bien loin de vous, mes frères et moi; nous étions alors de pauvres petits enfants bien malheureux. Mais le ciel qui a veillé sur nous nous ramène aujourd'hui auprès de nos parents et de vous. Poucet n'a jamais oublié son village, et puisque la fortune lui a souri, il veut que tous en profitent ici. Il veut que son pays natal devienne un des plus heureux du monde. Pour commencer, cette année, mes amis, j'ai voulu instituer l'usage de la rosière, et j'apporte moi-même à la première qui a été choisie par vous son chaperon de roses.

(Il prend le chaperon des mains du page et le pose sur la tête de la jeune fille, que le bailli a conduite à l'estrade en lui donnant le bras; puis Poucet lui offre la main pour la faire asseoir à son côté; le bailli se place de l'autre. A droite et à gauche arrivent des défilés d'orphéons, bannières en tête. La musique joue la marche de *la Rosière*.)

LA FOULE, à droite, les hommes agitent leurs chapeaux.

Vive le Petit Poucet! Vive le Petit Poucet!

LA FOULE, à gauche, même geste.

Honneur à la rosière!

UN CHANTEUR DE L'ORPHÉON se détache et chante le couplet devant l'estrade.

(Air: *Écoute-moi bien, ma Fleurette !*)

Premier Couplet

Quel honneur pour notre village
Et pour les pays d'alentour!
La plus aimable et la plus sage,
Devant nous a reçu pour gage,
Dot et chaperon tour à tour.

14.

Chacun s'incline devant elle ;
Fridoline a gagné nos cœurs,
Et l'on dira : « C'est la plus belle ! »
Quand ce soir sur l'herbe nouvelle,
Apparaîtront tous les danseurs ! (*bis.*)

POUCET, prenant la main de Fridoline, descend de l'estrade. Ses frères et parents le suivent. Il s'arrête devant la scène et s'incline devant la rosière.

Aimable Fridoline, je crois que le bal va commencer ; je veux être ce soir votre premier danseur.

(Ils se retirent un peu en arrière et se mêlent aux groupes.)

GERVAISE, s'avançant.

Ma foi ! j'avais bien raison de dire que l'histoire du Petit Poucet ressemble à un conte de fée.

JACQUELINE

Nous la raconterons le soir à la veillée, et elle passera de nos enfants à nos arrière-petits-enfants. La morale, voyez-vous, c'est que, dans les familles, il ne faut pas dédaigner le plus petit, car il a souvent plus d'esprit que les autres.

GUILLAUMETTE, à l'auditoire.

Et moi, j'ajoute ceci, qu'il faudra retenir, mes amis : c'est que ce n'est pas seulement son esprit qui lui a servi, c'est aussi son cœur, puisque son amour pour ses parents l'a conduit à la fortune et au bonheur.

CHANTEUR DE L'ORPHÉON

Deuxième Couplet

Pour finir, aimable auditoire,
Qui semblez fort intéressé,
Gardez bien dans votre mémoire
La morale de cette histoire
De ce conte du temps passé :
Désormais que chaque famille
N'ambitionne plus d'autre objet
Que d'avoir, à l'humeur gentille,   } *Bis en chœur.*
L'enfant béni, garçon ou fille,
Qui ressemble au Petit Poucet. (*bis.*)

(Des rondes de paysans se forment à droite et à gauche et l'on aperçoit Poucet dansant avec Fridoline. La musique joue, les orphéons défilent, les cloches sonnent. Tableau très animé.)

(*La toile se baisse.*)

FIN.

Peau d'Ane

PERSONNAGES

LE ROI BEAU-SOLEIL.
L'INFANTE BELLA, PEAU-D'ANE, sa fille.
L'ENCHANTEUR MERLIN.
LA FÉE DES LILAS.
MATAMORE, majordome du palais.
CARMÉLITA, première demoiselle d'honneur.
MYRTIL, muletier royal.
LE PRINCE BOUTON-D'OR, fils du roi et de la reine des Grenades.
RIQUETTA, fermière.
LE ROI DES GRENADES.
LA REINE DES GRENADES.
UN PAGE.
UN MÉDECIN.
UN MAITRE DE DANSE.

Officiers, demoiselles d'honneur, pages, filles de ferme, muletiers, paysans, paysannes, maitre de danse, etc., etc.

(*La scène se passe en Espagne, époque correspondant au règne de Louis XIV. — Costumes exagérés du même temps.*)

SOMMAIRE DES MORCEAUX

N° 1. — Ouverture.
N° 2. — *Chœur des Muletiers.*
N° 3. — *Jamais dans toute la Castille.*
N° 4. — Entr'acte.
N° 5. — *De l'entrain, senora.*
N° 6. — *Légèrement.*
N° 7. — *J'ai vu la nuit.*
N° 8. — *Cachucha* (danse).
N° 9. — Entr'acte.
N° 10. — *Il faut savoir ici se taire.*
N° 11. — *Beau Paladin* (ballade).
N° 12. — *Rita, ma belle* (boléro).
N° 13. — Entr'acte.
N° 14. — *Le vent souffle dans la tourelle* (berceuse).
N° 15. — *Bel anneau d'or passera* (ronde).
N° 16. — *Fandango* (danse).
N° 17. — *Or, c'est ainsi que tout s'arrange.*

INDICATION DES COSTUMES

Le Roi Beau-Soleil : Costume rouge, forme Louis XIV, canons et manchettes de dentelle ; une haute canne, grand manteau pour l'acte de la danse.

L'Infante Bella : 1° robe rose, avec dentelles blanches, mantille blanche et peigne à la girafe ; 2° robe de soie vieil or avec soleil, sous la peau d'âne.

L'Enchanteur Merlin : Longue robe sombre parsemée d'étoiles, bonnet pointu, longues manches ; baguette.

La Fée des Lilas : Costume mauve, garni de lilas blanc, voile blanc, avec une large étoile au front ; baguette.

Matamore : 1er Costume mi-partie vert et jaune, fraise, un gros trousseau de clefs à la ceinture. — 2me costume, marmiton, veste et culotte blanche, bonnet blanc ; une ligne de pêcheur.

Carmélita et les Demoiselles d'honneur : Robes blanches avec ruban rose en sautoir, mantille blanche et peigne à la girafe.

Myrtil et les Muletiers : Costume de muletier espagnol, culotte courte, béret, couleurs voyantes où le rouge et le jaune dominent.

Le Prince Bouton-d'Or : Costume vert, forme Louis XIV, canons et manchettes de dentelle ; petit collet et épée au dernier acte.

Riquetta : Costume jaune garni de dentelles noires, mantille noire, relevée par une grosse fleur de grenadier, peigne à la girafe, jupe courte.

Le Roi des Grenades : Costume gros vert, forme Louis XIV, canons et manchettes de dentelle ; grand manteau au dernier acte.

La Reine des Grenades : Costume vert et blanc, manteau royal, diadème avec mantille.

Un Page : 1er Costume rose au premier acte ; 2e costume bleu dans les 3e et 4e actes.

Un Médecin : Robe noire, bonnet carré, perruque et rabat. (Le médecin de Molière.)

Un Maître de danse : Costume noir, culotte courte, manchettes et jabot ; un petit violon, dit pochette.

Paysans et Paysannes : Étoffes grossières, avec culottes courtes et bérets ; jupes courtes et mantilles.

Peau d'Ane

SAYNÈTE-OPÉRETTE EN QUATRE ACTES

PREMIER ACTE

SCÈNE PREMIÈRE

LE ROI BEAU-SOLEIL, L'INFANTE BELLA, UN PAGE.

La scène représente un bosquet avoisinant le château. Le roi Beau-Soleil et sa fille Bella, assis sous les ombrages, prennent quelques rafraîchissements. Un page, debout, s'empresse autour d'eux. La musique jouera en sourdine et l'on entendra dans la coulisse le chœur des muletiers.

Chœur des Muletiers.

(Air : *La Belle Inès*, du *Domino noir*.)

Près du jardin,
  Le matin,
On trouve, dit-on,
  Sous l'ânon, *(bis)*
Plus d'un ducaton.
Beau muletier,
  Le premier
Qui voit briller l'or
  Cherche encor
Et revient avec son trésor.

LE ROI BEAU-SOLEIL, posant son verre.

Ah! ces chants me font plaisir, j'aime à commencer ainsi la journée!... Pour les rois, ma chère Bella, la vie n'est pas toujours rose, quoi qu'en pense notre bon peuple; elle est faite, le plus souvent, de soucis et d'émotions, de chagrins qu'on ne peut confier à personne...

BELLA, tendrement.

Pas même à sa fille!...

LE ROI

Cela dépend; mais si c'est notre fille qui cause elle-même nos préoccupations?

BELLA

Raison de plus, alors, cela la regarde doublement...

LE ROI, à demi-voix.

Éloignez le page quelques instants, ma chère Bella, et je vous dirai toute ma pensée.

BELLA, au page.

Je voudrais bien avoir des nouvelles de notre ânon merveilleux et savoir combien de pièces d'or on a trouvées ce matin sur sa litière. Va, mon gentil page, et tâche de nous amener le muletier Myrtil. (Le page sort.)

LE ROI

Bella, vous avez quinze ans, n'est-ce pas?

BELLA

Mais, oui, Sire, quinze ans révolus depuis le mois dernier.

LE ROI

Le moment est venu où je dois songer à vous marier. Votre mère, la reine tant aimée et si regrettée de notre doux royaume, m'a fait promettre, en mourant, de chercher, chez nos princes alliés, un époux qui soit digne de vous, aussitôt que vous auriez atteint cet âge.

BELLA

Ah! Sire, rien ne presse. (Elle se lève et va prendre une poupée laissée sur un fauteuil.) Voyez, je m'amuse encore à la poupée, et puis, j'aime à courir, à jouer avec mes compagnes. Les demoiselles d'honneur, qui forment ma petite cour, sont charmantes. Si j'étais mariée, il faudrait devenir grave, assister à des fêtes officielles, obéir davantage encore à l'étiquette... Non, non, tout cela me fait peur.

LE ROI, se levant.

Ma fille, je vous croyais plus empressée à me faire plaisir...

BELLA

Sire, j'obéirai certainement, je ne demande qu'un peu de temps. Attendez la visite de ma marraine, la fée des Lilas, vous causerez de vos projets avec elle.

LE ROI, se promenant de long en large.

J'attendrai, je le veux bien. Votre marraine a droit à tous nos égards. Je ne l'ai même pas assez remerciée encore du dernier présent qu'elle vous a fait, ce joli petit âne qui est pour nous une véritable mine d'or. Chaque matin notre muletier royal, le brave Myrtil, ramasse sur sa litière une telle quantité de ducats qu'il en remplit un sac apporté ensuite fidèlement à notre intendant. Voilà de quoi alimenter le trésor, parer à toutes nos dépenses et rendre nos États prospères... Mais, n'entendez-vous pas ce bruit? (La musique reprend l'air des Muletiers accompagné d'un bruit de grelots.)

BELLA, allant voir sur un des côtés revient en battant joyeusement des mains.

Les voilà, les voilà! Quelle bonne idée!...

LE ROI

Quoi donc? Qu'arrive-t-il?

BELLA

Ils amènent l'ânon ici... C'est Myrtil avec les autres muletiers.

SCÈNE II

LES MÊMES, MYRTIL conduisant l'ânon par la bride, LE PAGE, PLUSIEURS MULETIERS, tous se découvrent devant le roi.

CHŒUR DES MULETIERS, ils agitent des tambours de basque.

Près du jardin.
Le matin,
On trouve, dit-on,
Sous l'ânon, (*bis*)
Plus d'un ducaton.

MYRTIL, s'inclinant.

Beau muletier,
Le premier
Qui voit briller l'or
Cherche encor
Et revient avec son trésor.

(Il s'avance vers le roi avec un gros sac rempli de pièces sonnantes.) Sire, voici la trouvaille de ce matin. Chaque jour il y a dix pièces d'or de plus que la veille. (Chantant.)

Le noble âne du roi
Est libre de toute loi,
A ses côtés Myrtil
Est plus fier qu'un alguazil
Tra la, tra la
Le muletier Myrtil
Tra la, tra la
Plus fier qu'un alguazil
Tra la, tra la
Le muletier Myrtil,

A ce poste d'honneur
Met sa gloire et son cœur.

Reprise du Chœur.

LE ROI, soupesant le sac.

C'est merveilleux, vraiment merveilleux ! Myrtil j'espère que tu me soignes joliment un âne de cette valeur? Il ne doit ni mourir, ni même être malade !

MYRTIL

Oh ! Sire, j'en réponds sur ma tête !

LE ROI

Qu'on fasse venir notre grand majordome, j'ai des ordres particuliers à transmettre pour l'emploi de ce sac d'écus.

BELLA, prenant du sucre qu'elle donne à l'ânon.

Page, tu as entendu, ramène le majordome. (Bas au page.) En même temps tu monteras sur la tour et tu regarderas dans le lointain si l'on aperçoit ma marraine, la fée des Lilas, dans son équipage traîné par un mouton.

LE ROI.

Bella, le sucre a des propriétés échauffantes, prenez garde d'en faire manger trop à notre précieux ânon. Myrtil, qu'en penses-tu ?

MYRTIL

Votre Majesté a raison, mais un petit morceau, en

passant, ne peut lui faire grand mal. (Avec flatterie.) Et puis, la jolie main qui le donne doit corriger au besoin toute vertu mauvaise!...

LE ROI

Vraiment! (A part.) Où la flatterie va-t-elle se nicher? Nous trouvons des courtisans même chez les muletiers!...

SCÈNE III

LES MÊMES, LE MAJORDOME MATAMORE.

MATAMORE

Sire, vous m'avez fait l'honneur de me demander?

LE ROI

Matamore, approche et écoute. Tu es un vieux serviteur, et c'est à toi surtout que nous avons confié la garde des trésors nouveaux dont tu connais la source. (Il montre l'ânon.) Emporte ce sac d'écus, c'est la provision d'aujourd'hui. Enferme-le dans l'armoire de fer dont tu as le secret. Tous les jours, jusqu'à nouvel ordre, il faudra placer là les ducats de notre bel ânon. Notre intendant n'a rien à y voir pour le moment. Je prépare une réserve en vue d'un événement prochain, événement de famille et événement politique tout à la fois.

BELLA, redressant la tête.

(A part.) J'ai peur de comprendre... (Haut.) Allez-vous

faire préparer quelques belles fêtes, mon père, pendant que la fée des Lilas sera au château?

LE ROI

Mais certainement, ma fille, il y en aura en son honneur, et puis pour célébrer vos quinze ans, et puis... pour d'autres... circonstances... dont je ne veux point parler encore.

BELLA, soupirant.

(A part.) Ah! j'aurai bien de la peine à le faire renoncer à son idée. (Elle va vers l'entrée du bosquet.) Et ma marraine qui n'arrive pas!

MATAMORE, chargeant le sac sur ses épaules.

Sire, j'allais oublier de vous rappeler qu'avant de se rendre au grand conseil votre Majesté a promis de recevoir une visite qu'elle a plusieurs fois réclamée, du reste...

LE ROI

Une visite!... Quelle visite?... Je ne me souviens plus!

(Musique en sourdine, air de *Gastibelza*.)

MATAMORE

Votre Majesté ne m'a-t-elle pas envoyé, hier soir encore, à la grotte des Sarrasins?

LE ROI, se frappant le front.

Où avais-je donc l'esprit? Mais oui, chez l'enchanteur Merlin. J'ai besoin de le voir! Eh bien?...

MATAMORE

Eh bien, il est là! En attendant le bon plaisir de votre Majesté, il contemple, je crois, les beautés du bassin de Diane...

LE ROI, se levant, agité.

Vite, envoie-le-moi. (Aux muletiers.) Sortez tous! (Ils font un mouvement.) C'est-à-dire, non, restez. Chacun peut entendre ce qu'il a à nous annoncer. Va, Matamore! (Ce dernier sort avec le sac sur l'épaule. Bella fait mine de sortir.) Ma fille, où allez-vous? La visite de l'enchanteur Merlin n'est-elle d'aucun intérêt pour vous?

BELLA, prenant sa poupée dans ses bras.

Il me fait peur, je ne sais pourquoi? (Elle va près de l'ânon, qu'elle caresse, et pose la poupée sur son dos. Pendant l'entrée de l'enchanteur Merlin la musique s'accentue.)

SCÈNE IV

LES MÊMES, L'ENCHANTEUR MERLIN, arrivant lentement.

L'ENCHANTEUR MERLIN

Les destins ont parlé, Sire, l'heure a sonné. La jeune princesse que voilà est arrivée au moment de remplir, en ce monde, le rôle important qui lui est dévolu. J'ai lu dans les astres qu'un prince puissant parmi vos alliés brigue l'honneur de l'épouser. La nuit dernière, au-dessus de la grotte des Sarrasins, j'ai distingué deux étoiles très brillantes; elles glissaient dans l'espace au-devant l'une de l'autre. La première représentait votre fille; la seconde, le noble prince qui deviendra son époux.

BELLA, prenant l'ânon par le cou.

(A part.) Ah! maudit enchanteur! Anon, mon cher ânon, viens à mon aide, je t'en conjure? Si tu en as le pouvoir, fais accourir, au plus vite, celle que tu connais bien, ma marraine, la fée des Lilas!

LE ROI

Savant et puissant enchanteur qui me faites entrevoir l'avenir de ma fille, je vous convie à vous trouver ce soir, au château, devant la cour réunie et à répéter les choses étonnantes que vous venez de nous apprendre. (La musique cesse.)

SCÈNE V

LES MÊMES, puis LE PAGE et la FÉE DES LILAS.

LE PAGE, accourant essoufflé.

Princesse, elle arrive, elle me suit...

BELLA, se précipitant à l'entrée du bosquet.

Oh ! ma chère marraine, quel bonheur !

LE PAGE, aux muletiers.

Chantez donc, vous autres, pour la fée des Lilas !
(Musique en sourdine ; air des Muletiers.)

L'ENCHANTEUR MERLIN

La fée des Lilas ! Une puissance ennemie ! Alors je n'ai plus qu'à disparaître... (Il se sauve.)

LES MULETIERS, en chœur.

Près du jardin
Le matin,
On trouve, dit-on,
Sous l'ânon, etc., etc.

(Pendant le chœur, la fée des Lilas fait son entrée sur un petit char enrubanné de ruban mauve avec lilas blanc et traîné par un mouton. Le roi se lèvera.)

LE ROI, s'avançant, la main tendue, pour aider la fée des Lilas à descendre de son attelage.

Charmante fée, vous êtes la bienvenue. Je n'ai pas besoin de vous dire que l'on soupirait après votre arrivée. Rien de ce qui nous occupe ne vous est caché, votre pouvoir a le don de pénétrer tous nos secrets... Vraiment, les pauvres rois auraient souvent besoin d'être initiés à votre science.

BELLA, se jetant au cou de la fée.

Oh! ma chère marraine! vous voilà enfin!...

LA FÉE DES LILAS, l'interrompant.

(Bas, à la princesse.) Patience et confiance! (Au roi.) Sire vous n'avez rien à envier aux fées, vous êtes un heureux père, un souverain puissant et riche... (Elle va vers l'ânon.) Ah! mais il est en fort bon état le petit ânon! (A Myrtil.) Et il s'acquitte toujours régulièrement de ses fonctions?...

MYRTIL.

Eh! oui, tous les jours nous ramassons les belles pièces d'or que l'on apporte aussitôt à Sa Majesté, comme ce matin.

LE ROI

C'est la vérité, aimable fée, aussi vous voyez combien votre présent généreux devra contribuer à la prospérité de mon royaume. J'aurais maintenant à vous entretenir de l'avenir de votre filleule, de ma chère Bella.. Voulez-vous que nous rentrions au château? Après la route que vous venez de faire, un peu de repos vous est peut-être nécessaire?

BELLA

L'appartement lilas, que vous affectionnez, vous attend, comme toujours, ma chère marraine.

LA FÉE, souriant.

Non, restons ici, on y est à merveille. (Elle s'assied; le roi également, en face d'elle.) Votre page, ma chère enfant, prendra soin, n'est-ce pas, de mon petit attelage...

BELLA, caressant le mouton.

Ce joli mouton va se reposer.

LE ROI

Tous les animaux qui viennent de chez vous, Madame la Fée, sont vraiment doués d'une façon extraordinaire, si j'en juge par notre ânon et par ce charmant mouton... Myrtil, cette fois, laissez-nous. (Il fait un geste. Le page emmène le petit équipage de la fée en tenant le mouton par la bride et sort par un des côtés. Myrtil et les muletiers, tenant l'ânon, sortent par l'autre en fredonnant.)

LA FÉE

Ainsi donc, roi Beau-Soleil, vous voulez marier votre fille ?...

LE ROI

Comment ? Vous savez ?... Je ne vous ai rien dit encore...

LA FÉE

Les fées connaissent tout, et comme je veux travailler moi-même au bonheur de ma chère filleule, je viens aujourd'hui vous parler de sa future destinée. Et d'abord, pourquoi êtes-vous si pressé ?

BELLA, à part, regardant dans le lointain par une des issues du bosquet.

Cette conversation devient très embarrassante pour moi, décidément ! Si j'apercevais seulement une de mes gentilles compagnes ! A cette heure-ci, les demoiselles d'honneur sont avec le maître de danse, sous la haute surveillance de madame la surintendante, qui ne leur fera grâce ni d'une révérence, ni d'un battement de pied. (Elle se rapproche du roi.)

LE ROI

Restez près de nous, Bella. Vous devez entendre ce que j'ai à dire à votre marraine : Je suis pressé parce que les dernières volontés de feu notre chère reine m'ont fait une obligation de songer au mariage de ma fille dès que ses quinze ans seraient révolus ; or, Bella a eu quinze ans le mois dernier.

LA FÉE

Bon ! voilà une raison. Voyons-les autres ?

LE ROI

L'enchanteur Merlin est venu aujourd'hui même me prévenir que la conjonction des astres annonçait la rencontre prochaine d'un prince de mes alliés avec ma fille...

LA FÉE

Sire, méfiez-vous des prédictions de l'enchanteur Merlin. Tout ce qui sort de la caverne des Sarrasins est plus ou moins diabolique.

LE ROI

Diabolique ! Le mot est excessif. Ce qu'il y a de certain, et je puis rapprocher le fait des prédictions de notre enchanteur, c'est qu'un roi de mes voisins a demandé la main de ma fille...

LA FÉE

Sans l'avoir vue !

LE ROI

Oh ! la renommée de beauté de Bella est allée jusqu'à lui... C'est un prince très puissant ; ses vaisseaux couvrent la mer, il a des mines d'or et d'argent ; déjà nous avons combattu ensemble un ennemi terrible qui menaçait son royaume et le mien...

LA FÉE, moqueuse.

Quel âge a ce prince... charmant ?...

LE ROI, embarrassé.

Mais, nous sommes, je crois, contemporains. C'est un bel âge où la raison s'équilibre avec le sentiment.

BELLA

(A part.) L'âge de mon père ! Oh ! (Elle écoute.) Mais j'entends des chants !... (Elle regarde au dehors.) Ah ! ce sont mes chères filles d'honneur, la leçon de danse va bientôt commencer et je vais pouvoir me distraire un peu.

LA FÉE, se levant.

Eh bien ! Sire, après tout ce que je viens d'entendre, Bella ne peut que se soumettre à vos volontés...

BELLA, la tirant par sa jupe.

Oh ! ma marraine !

LA FÉE, la calmant d'un geste.

Seulement, nous allons aussi vous demander quelque chose...

LE ROI

Je m'engage bien vite à tout vous accorder.

LA FÉE

Prenez garde, Sire, vous ne savez pas à quoi vous vous exposez... Avant d'entamer les préliminaires du mariage de Bella, il lui faut trois robes nouvelles.. (On entend chanter.) Mais quels sont ces chants ?...

SCÈNE VI

LES MÊMES, LES DEMOISELLES D'HONNEUR

(Ces dernières entrent étourdiment en se tenant par la main et en achevant une farandole.)

LES DEMOISELLES D'HONNEUR, chantant et tournant.

Ah ! ah ! ah ! ah ! etc., etc.

(Elles s'arrêtent brusquement et font de profondes révérences au roi, à la fée, à la princesse.)

LE ROI

Ah ! ah ! On vous y prend, mesdemoiselles ! C'est ainsi que nous rompons en visière avec Madame l'Etiquette !

BELLA

(A part.) Heureusement que madame la surintendante n'est pas là !

LA FÉE, faisant un signe.

Nous avons de l'indulgence pour la jeunesse. Soyez sages, mesdemoiselles, et faites silence. Sire, je continue : Il faut à votre fille trois robes nouvelles : d'abord, une robe couleur du temps !

LE ROI, faisant un saut, très surpris.

Couleur du temps !

CARMÉLITA

(A part.) Couleur du temps ! Ça ne s'est jamais vu, cette couleur-là !

LA FÉE

Puis, une robe couleur de la lune...

LE ROI, se levant, l'air effaré.

Couleur de la lune !... J'ai mal entendu, je crois ?

LA FÉE

Point du tout, c'est tout à fait cela, et, enfin, vous ferez cadeau à Bella d'une robe couleur du soleil.

LE ROI, levant les mains au ciel.

Ah ça ! Madame la Fée, quelle puissance me croyez-vous donc ? On voit bien que vous avez l'habitude d'opérer avec une baguette magique, me vo'là fort embarrassé !...

BELLA, à part.

Si cela pouvait tout arrêter !...

LA FÉE

Sire, souvenez-vous du proverbe : « Qui veut la fin veut les moyens. » Je vous ai dit à quelle condition vous serez obéi, réfléchissez. (Musique.)

LE ROI, tombant assis, se parlant à lui-même, la tête dans ses mains.

Couleur du temps ! Couleur de la lune ! Couleur du soleil ! Où trouver des ouvriers assez habiles pour fabriquer de pareilles robes ? Ah ! j'en ferai une maladie, c'est certain. (Il laisse tomber sa tête sur le dossier du fauteuil et s'endort.)

CARMÉLITA

(A part, à mi-voix.) Le pauvre roi en deviendra fou ! (Haut.) Je me réjouis de voir ces trois merveilles, et, sous de telles parures, notre chère princesse sera tellement éblouissante que nous ne pourrons plus la regarder. (Chantant.)

(Air : *De l'Aragon, de la Castille.*)

Premier couplet

Jamais, dans toute la Castille,
On n'aura vu, sous sa mantille,
Apparaître si noble fille
Habillée en couleur du temps.

Comme elle, encore, en est-il une,
De Saragosse à Pampelune,
En parure couleur de lune?
Ah! l'on pourra chercher longtemps!

TOUTES LES DEMOISELLES D'HONNEUR, entourant Bella.

Chœur

Cette merveille est en Espagne,
Et chaque prince à ses genoux,
Dans la ville, dans la campagne,
Rêve d'être un jour son époux.
Ah! ah! ah! ah! ah! ah!
Ah! ah! ah! ah! ah! ah!
Dans la ville, dans la campagne,
Ah! ah! ah! ah! ah! ah!
Ah! ah! ah! ah! ah! ah!
Rêve d'être un jour son époux.

BELLA

Deuxième Couplet.

(Aux demoiselles d'honneur.)

Mais sachez bien, Mesdemoiselles,
Que de mes trois robes nouvelles,
Pour moi la plus belle des belles,
C'est celle aux couleurs de soleil.

(A la Fée.)

Je vous rends grâce, ô ma marraine!
Car c'est par vous, j'en suis certaine,
Que nous serons tirés de peine
Avec un moyen sans pareil.

TOUS LES ASSISTANTS

Chœur.

Cette merveille est en Espagne,
Et chaque prince, etc., etc.

BELLA, se tournant du côté du roi; elle met un doigt sur sa bouche.

Chut! le roi s'est endormi. Ma marraine, je vais vous conduire à votre appartement.

LA FÉE

Oui, laissons votre illustre père rêver aux trois robes qui vont devenir pour lui un véritable cauchemar...

CARMÉLITA

Et nous, mes amies, c'est l'heure de la leçon de danse, on nous attend...

BELLA, sortant avec la fée.

J'irai vous rejoindre, allez!

LES DEMOISELLES D'HONNEUR, chantant.

Reprise du chœur

Cette merveille est en Espagne,
Et chaque prince, à ses genoux,
Dans la ville, etc., etc.

(Elles jettent un coup d'œil sur le roi endormi et sortent par le côté opposé.)

(La toile se baisse.)

FIN DU PREMIER ACTE

DEUXIÈME ACTE

SCÈNE PREMIÈRE

CARMÉLITA, première demoiselle d'honneur.

La scène représente une salle du palais. Meubles anciens, bibliothèque, clavecin, guitare suspendue.

CARMÉLITA est assise au clavecin et joue les dernières mesures de la *Cachucha*. Elle se lève.

Voilà un air qui me donne toujours envie de danser (Elle essaie quelques pas en fredonnant l'air.) Voyons si je me rappelle cette fameuse *Cachucha* que nous apprenons depuis huit jours. C'est à peu près cela. (Elle recommence.)

SCÈNE II

LA MÊME, L'INFANTE BELLA.

BELLA

A la bonne heure, Carmélita! Bravo! Tu n'as d'autre souci que de bien danser, toi! (Elle soupire.) Que tu es heureuse! (Elle s'assied dans un fauteuil et reste pensive, la tête appuyée sur sa main.) Eh bien! pourquoi t'arrêtes-tu? Continue! Cela m'amuse de te regarder!

CARMÉLITA, l'air inquiet.

Oh! non, princesse, puisque vous êtes triste, je n'ai plus aucun plaisir à danser. C'est toujours ce projet de mariage qui vous tourmente? Moi, j'avoue que si l'on s'occupait de ma personne pour un motif semblable, j'aurais plus d'enthousiasme!... Vraiment, je ne serais pas fâchée de m'appeler madame la duchesse ou madame la marquise, d'avoir une maison montée, des équipages, des toilettes, des panaches, tout ce qu'une petite demoiselle d'honneur ne connait pas, enfin!

BELLA

Oui, mais avec tout cela, il faudrait encore que celui que tu épouses pût te plaire, je suppose?...

CARMÉLITA, étourdiment.

Sans doute, mais j'avoue que je pense à lui moins qu'au reste...

BELLA

Ce qui me désole, c'est de contrarier les volontés du roi mon père, ses plans, ses rêves d'avenir...

CARMÉLITA

Pourtant, est-ce raisonnable de vouloir vous faire épouser un prince de son âge! C'est comme si vous aviez deux pères, alors!

BELLA, se levant.

C'est ce maudit enchanteur Merlin qui lui donne ces idées-là ! Il a lu, dit-il, ma destinée dans les astres !... Heureusement que ma marraine est là et qu'elle a trouvé moyen d'embarrasser et d'arrêter, pour le moment, les projets du roi.

CARMÉLITA

Ah ! oui, en demandant les trois robes couleur du temps, couleur de lune et couleur du soleil. Mais on ne viendra jamais à bout de les fabriquer, je suppose, ces robes-là !

BELLA

Tu te trompes, Carmélita. J'ai su par une de mes femmes, dont le mari est employé à ce précieux travail, que ce soir, peut-être, les trois robes seraient apportées au palais et exposées devant toute la cour.

CARMÉLITA

Est-ce possible ? Alors, moi, si j'étais à votre place, je demanderais au roi autre chose, et cette chose-là, voyez-vous, il n'est aucun ouvrier au monde qui pourrait en venir à bout.

BELLA

Quoi donc ?

CARMÉLITA, l'attirant dans un coin.

Ne dites à personne que l'idée vient de moi, je serais perdue. Exigez donc, si vous m'en croyez, la peau de l'âne auquel votre père tient tant.

BELLA

La peau de l'âne aux pièces d'or ! Y penses-tu ?

CARMÉLITA

Chut, voici ces demoiselles ; la leçon de danse va commencer. Serez-vous des nôtres, princesse? (Bas, à Bella:) Réfléchissez à ce que je vous ai dit.

SCÈNE III

LES MÊMES, LES DEMOISELLES D'HONNEUR,
LE MAITRE DE DANSE.

(Ce dernier entre portant un violon et marche en esquissant quelques entrechats. Il s'avance vers la princesse qu'il salue profondément et se pose en accordant son violon.)

LE MAITRE DE DANSE

En place, mesdemoiselles ! Nous allons commencer. Pieds en dehors, taille cambrée, tête droite. De la grâce, s'il vous plaît ? Regardez-moi et imitez-moi. (Il prend la pose qu'il indique.)

(Il chante.)

(Air : *Popera signora*.)

De l'entrain, senoras,
Pendant la danse,
Et marquez chaque pas,
Chaque nuance.
Ah ! ah ! ah ! ah ! ah ! ah ! ah !
Ah ! ah ! ah !

TOUTES LES DEMOISELLES D'HONNEUR

De l'entrain, senoras,
Pendant la danse,
Et marquons chaque pas,
Chaque nuance.
Ah ! ah ! ah ! ah ! ah ! ah ! ah !
Ah ! ah ! ah !

(Les jeunes filles exécutent une des figures de la danse et se reposent en s'éventant. Le maître de danse prélude pendant ce temps et joue la ritournelle d'une nouvelle figure.)

LE MAITRE DE DANSE, chantant.

(Air : *J'ai pour cela*, etc.)

Légèrement,
Marquez bien la cadence,
Et noblement
Faites la révérence.
Ah ! ah ! ah ! ah ! ah ! ah ! ah !
Ah ! ah ! ah !

TOUTES LES DEMOISELLES D'HONNEUR

Légèrement
Marquons bien la cadence
Et noblement
Faisons la révérence.
Ah! ah! ah! ah! ah! ah! ah!
Ah! ah! ah!

(Les jeunes filles exécuteront une nouvelle figure de danse pendant laquelle la porte s'ouvrira et un page entrera en annonçant : « Le roi. » On fera durer cette figure de danse à volonté.)

SCÈNE IV

LES MÊMES, LE PAGE, LE ROI, suivi de L'ENCHANTEUR MERLIN et de TROIS OFFICIERS portant, suspendues comme des bannières, les trois robes couleur du temps, couleur de lune et couleur de soleil.

(La danse s'arrêtera aussitôt. Les demoiselles d'honneur se resserreront en groupe autour du maître de danse. La princesse et Carmélita demeureront à l'écart.)

BELLA, bas, à Carmélita.

Mon Dieu! que veut dire ceci? Jamais le roi ne s'est montré pendant notre leçon de danse.

CARMÉLITA, de même.

C'est absolument contraire à l'étiquette! Mais que vois-je? L'enchanteur Merlin suit Sa Majesté! Que va-t-il se passer?

BELLA

Je tremble ! Et ma marraine qui n'est pas là ! (Musique en sourdine. Air : *Gastibelza*.)

LE ROI, s'avançant vers sa fille et lui montrant les robes déployées tenues par les trois officiers qui mettent un genou en terre devant elle.

Ma chère Bella, vos vœux sont accomplis. Rien n'est impossible à mes sujets lorsqu'il s'agit de plaire à la fille de leur roi. Voici les trois robes que vous m'avez demandées. Toute la cour va se rendre ici pour admirer ces merveilles. Je n'ai pas voulu retarder d'un seul instant le mot que j'attends de votre bouche, et j'espère que maintenant rien ne s'opposera plus à mes projets... Gardes, qu'on ouvre toutes les portes et que notre maître des cérémonies introduise les nobles seigneurs et les belles dames qui guettent avec impatience dans la salle des Pas-Perdus le moment de nous offrir leurs félicitations. (Les trois officiers portant les robes se relèvent et se tiennent sur un des côtés. Le roi prend sa fille par la main et la fait asseoir sur un fauteuil à ses côtés.)

BELLA, bas, à Carmélita.

Il y va de mon bonheur, de ma vie. Cours chercher ma marraine et reviens avec elle au plus vite ! (Carmélita sort. Plusieurs couples de dames et de seigneurs font leur entrée et viennent gravement et profondément saluer le roi et la princesse, puis se grouper autour d'eux. Pendant ce temps, l'enchanteur Merlin, armé de sa baguette, contemple les trois robes et semble, en les touchant, les pénétrer d'une influence magique. Il revient devant le roi et la princesse.)

L'ENCHANTEUR MERLIN, chantant.

(Air : *Gastibelza, l'homme à la carabine.*)

Premier couplet

J'ai vu, la nuit, dans les cavernes sombres,
Près des guérets,
Passer les feux du royaume des ombres,
Les feux follets.
Tout aussitôt, sous mon cercle magique,
A cet instant,
Un astre au ciel s'est montré, seul, unique,
Pour cette enfant,
Oui, pour cette enfant !

(Il étend sa baguette vers la princesse.)

BELLA, se renversant en arrière.

Ah ! je me meurs !

Chœur, tous les assistants.

Tout aussitôt, sous son cercle magique,
A cet instant,
Un astre au ciel s'est montré, seul, unique,
Pour cette enfant,
Oui, pour cette enfant !

L'ENCHANTEUR MERLIN

Deuxième couplet

Écoutez bien, ô roi ! votre puissance,
Par le destin
Est attachée à son obéissance.
Il faut, enfin,
Qu'à vos désirs se rende la princesse
Et qu'un époux
Vienne demain déposer sa tendresse
A ses genoux,
Oui, à ses genoux.
(Il étend sa baguette vers la princesse.)

Chœur

Qu'à vos désirs se rende la princesse
Et qu'un époux
Vienne demain déposer sa tendresse
A ses genoux,
Oui, à ses genoux.

SCÈNE V

LES MÊMES, LA FÉE DES LILAS, CARMÉLITA et MATAMORE.

LA FÉE DES LILAS, elle entre la baguette en avant tendue vers l'enchanteur Merlin.

Arrière, magicien de malheur ! Ton pouvoir est

soumis au mien. Par ma baguette, je veux que l'enchanteur Merlin disparaisse devant la fée des Lilas!

(L'enchanteur s'enfuit avec des gestes furieux et menaçants.)

LE ROI, s'avançant vers la fée.

Madame, que signifie tout ceci? (Regardant Bella.) Ah! ma fille revient à elle! Bella, ma chère enfant, remettez-vous, de grâce!

BELLA, se redressant.

Ce n'est rien, mon père! (Bas, à la fée.) Tout est perdu, marraine!

LA FÉE DES LILAS

Sire, votre fille a encore une faveur à vous demander, et la crainte de vous porter un coup terrible lui a donné, tout à l'heure, cette émotion qui lui a fait perdre les sens...

LE ROI

Parlez, Bella; devant votre puissante marraine, la fée des Lilas, et devant ma cour, ici rassemblée, je jure d'avance de vous accorder ce que vous souhaitez de moi.

BELLA

Sire, une seule chose me ferait plaisir, c'est la peau de cet âne qui rend des pièces d'or et que l'on soigne avec tant d'amour dans vos écuries...

TOUS LES ASSISTANTS, se regardant.

La peau de l'âne aux pièces d'or !

LE ROI

Bella, un roi doit être fidèle à ses engagements. Dès ce moment, notre bel âne vous est sacrifié. Je vais donner des ordres pour qu'il soit tué et que sa peau vous soit apportée ici, ainsi que les trois robes que vous m'aviez précédemment demandées. Et comme je ne doute plus maintenant de votre consentement au mariage que je désire, je veux que dès ce jour, et à l'instant même, l'heureuse nouvelle en soit répandue dans le palais. (Faisant un signe.) Page, voici un parchemin signé de notre sceau royal, que je porte toujours sur moi pour les circonstances extraordinaires. Je vais y tracer de ma main l'arrêt de mort du pauvre âne. (Il écrit.) Là, c'est fait. Portez cela au muletier Myrtil, et que mes ordres soient promptement exécutés. (Cherchant autour de lui.) Où est Matamore ?

MATAMORE

Votre Majesté réclame mes services, me voici !

LE ROI

Accompagne le page et revenez tous les deux, avec Myrtil, déposer aux pieds de la princesse la peau de l'âne que je lui ai promise, allez ! (Il fait un geste, le page et

Matamore sortent ensemble.) Soyons, ma chère enfant, tout à la joie! tout au bonheur! n'est-ce pas? Votre leçon de danse avait été interrompue par notre entrée ici, je veux qu'elle continue, et c'est moi-même qui vais être votre cavalier. (Il se retourne et s'adresse à tous en prenant la main de sa fille.) Nobles dames, demoiselles et seigneurs, vous êtes tous invités à danser la *Cachucha*.

BELLA, bas à la fée.

Oh! ma marraine, je suis désespérée!

LA FÉE DES LILAS, à Bella.

Ne craignez rien, ayez confiance en moi! (Elle étend sa baguette sur l'assemblée.) Je veux que le roi retrouve en ce moment ses jambes de quinze ans et que chacun danse ici la *Cachucha* la plus échevelée qui se soit jamais dansée!

(Air de danse : *La Cachucha*.)

LE MAITRE DE DANSE

(A part.) Faire danser le roi, quel honneur! On racontera cela un jour à mes arrière-petits-enfants. (Haut.) Une! deux! trois!

CARMÉLITA, à une demoiselle d'honneur en la tenant par la main.

La fée des Lilas a eu la même pensée que moi, j'en avais déjà soufflé un mot à la princesse. (La danse devient plus animée, le roi fait des entrechats et des passes surprenantes.) Ma chère, regardez donc, le roi devient fou, je crois? Oh! si madame la surintendante était là, que dirait-elle? en voilà des accrocs à l'étiquette! Pauvre princesse, elle a l'air d'une victime sacrifiée aux dieux. Vouloir lui faire épouser un mari trois fois plus âgé qu'elle! J'ai toujours entendu dire, moi, qu'à jeune femme il faut jeune mari! (La danse continue avec tous les assistants, la fée étend sa baguette vers les danseurs comme pour les tenir sous son pouvoir magique. Pendant quelques mesures plus calmes, on verra rentrer Matamore, le page et Myrtil portant la peau de l'âne, suspendue comme une bannière. Le page marchera en avant, Matamore ensuite, portant la peau de l'âne; Myrtil suivra derrière, pleurant, le visage caché dans son mouchoir avec un long crêpe à son chapeau.)

SCÈNE VI

LES MÊMES, LE PAGE, MATAMORE, MYRTIL.

MYRTIL, sanglotant.

Hi! hi! hi! il est mort! (Les danses s'arrêtent.)

TOUS LES ASSISTANTS lèvent les mains au ciel.

Ah! ah!

MATAMORE ET LE PAGE, fléchissent le genou devant Bella et montrant la peau de l'âne que tient Myrtil.

Voici, madame, la dépouille du noble animal sacrifié aux désirs de Votre Altesse Royale et Sérénissime.

UN SEIGNEUR, interrompant.

Mais il est mort pour une belle cause! (Pirouettant sur ses talons.) eh! palsambleu! chacun de nous voudrait en faire autant! (Il s'incline très bas.)

LA FÉE, intervenant et prenant la princesse par la main.

Veuillez donc ordonner qu'on nous laisse seules un instant? (Le roi s'incline, il fait signe aux assistants de sortir et les suit. — La fée arrête au passage Matamore et le page et s'adresse au premier.) Va déposer ton fardeau dans la serre et revenez ici tous les deux. (A la princesse.) Bella, ma chère enfant, l'heure suprême est arrivée; le roi votre père ne veut se rendre à aucun raisonnement, il faut fuir ce palais et vous éloigner de ce pays...

BELLA, effrayée.

Grand Dieu! Et où irai-je? Mais comment? Toute seule!

LA FÉE

Écoutez-moi! Vous allez d'abord, pour sortir d'ici, revêtir cette peau d'âne qui vous cachera tout entière et vous empêchera d'être reconnue. Vous traverserez le parc, très sombre à cette heure, vous gagnerez la route et vous marcherez devant vous tant que vous pourrez marcher.

BELLA

Mais que deviendrai-je si je n'emporte rien pour m'habiller? Mes robes, mes justaucorps, mes bijoux, tous mes ajustements vont rester ici!

LA FÉE

Rassurez-vous, tout cela et même les trois robes merveilleuses que le roi vous a données, vous suivront enfermées dans un coffre d'ébène, seulement ce coffre sera invisible à tous les yeux, il voyagera sous terre et ne paraîtra devant vous que lorsque vous l'ordonnerez en touchant le sol avec cette baguette. Gardez-la précieusement et fiez-vous à votre marraine. (Elle l'aide à revêtir la peau d'âne et l'embrasse.) Allez, la fée des Lilas veille sur vous! (La fée étend sa baguette vers Bella, qui disparaît par une porte de côté. Pendant la fin de cette scène, Matamore et le page rentrent. La fée étend sa baguette sur eux.) Je connais votre dévouement pour la princesse, aussi je veux vous charger d'une mission de confiance. A son insu, vous la suivrez à distance, vous arrêtant partout où elle s'arrêtera. Si quelque chose se produisait et qu'un malheur vînt menacer l'infante Bella, vous, Matamore, vous n'auriez qu'à m'appeler en frappant trois coups sur cette amulette : je vous ordonne la plus grande prudence; qu'aucune allusion ne soit faite à sa véritable situation. La moindre indiscrétion pourrait mettre à néant les projets que j'ai formés pour son bonheur. Jurez d'exécuter fidèlement mes instructions!

MATAMORE ET LE PAGE, ensemble.

Nous le jurons!

MATAMORE

Je serai muet comme une carpe!

(*La toile se baisse.*)

FIN DU DEUXIÈME ACTE

TROISIÈME ACTE

SCÈNE PREMIÈRE

BELLA, transformée en Peau-d'Ane, MATAMORE.

La scène représente la campagne. En perspective on apercevra un château, sur le côté un bâtiment de ferme. A l'opposé, une rivière au bord de laquelle se tiendra Matamore, vêtu en marmiton et qui pêchera à la ligne.

MATAMORE, retirant sa ligne.

Bon ! Encore un goujon de manqué ! Je ne sais vraiment à quoi pense la fée des Lilas ! Voilà bientôt près d'un an que nous avons quitté le château de Sa Majesté le roi Beau-Soleil et rien ne se dessine encore. Pour obéir à la fée, je suis devenu aussi muet que mes poissons et pas un des cuisiniers du palais du roi des Grenades n'a jusqu'ici entendu la couleur de mes paroles... Dans mes loisirs, je viens pêcher aux alentours de cette ferme, où je peux entrevoir la princesse Bella, qui ne m'a pas reconnu sous cet accoutrement. C'est égal ! Qui m'eût dit qu'un jour le majordome Matamore quitterait ses beaux habits brodés pour revêtir ceux d'un gâte-sauce ! Enfin, j'ai confiance ! Tout cela se terminera bientôt, j'espère! Attention! J'aperçois notre infortunée Peau-d'Ane. Elle vient de ce côté. (Il jette sa ligne et se retourne.)

PEAU-D'ANE, s'asseyant sur un tertre, une houlette à la main ; elle reste pensive, le front appuyé sur son autre main.

Ah! que je suis malheureuse! Vais-je donc passer le reste de mon existence sous cette horrible figure, occupée à garder les dindons et plus méprisée que la dernière des filles de ferme! Ma marraine, la fée des Lilas, m'a dit d'avoir confiance, mais combien de temps durera cette épreuve? Les jours, les mois s'écoulent et je ne vois aucun changement à mon sort! Oh! bientôt je vais devenir ici plus vieille que la plus vieille des duègnes qui faisaient le service à la cour du roi Beau-Soleil! (Matamore se retourne et proteste en étendant un bras vers Peau-d'Ane, puis il se remet à pêcher.) Autrefois, quand j'avais auprès de moi de jeunes compagnes, j'aimais à parler, à chanter... (Elle se lève.) Voyons si je me rappellerai la romance que Carmélita m'avait apprise ; cela me fera oublier mon chagrin! (Elle chante.)

(Air: *Ah! que l'amour aurait pour moi de charmes!*)

Premier couplet

Beau paladin, héros de la croisade,
Ne revint plus à l'antique castel,
Mais c'est son nom que chante la ballade ⎫
Et que redit le joyeux ménestrel. ⎭ bis

(Elle soupire et laisse tomber ses bras avec découragement.)

Mais mon sort, à moi, est bien plus triste que celui du beau paladin ! (Elle se redresse et regarde autour d'elle.) Aussi il me prend l'envie de chanter mes malheurs plutôt que les siens.

Deuxième couplet

Qui me rendra la joie et l'espérance ?
Dois-je mourir de chagrin à seize ans ?
Et cependant je reprends confiance
En revoyant les fleurs et le printemps. } bis

Oh ! j'ai aperçu une boucle de mes cheveux, les cheveux qui faisaient l'orgueil du roi mon père et que ma camériste arrangeait chaque matin avec tant d'art et de soin. Mais cette peau d'âne me rend hideuse ; ici, personne ne me voit, j'ai envie de me retrouver un instant avec mon visage d'autrefois. (Elle laisse tomber le haut de sa peau d'âne et passe un mouchoir sur son visage.)

Troisième couplet

Effaçons bien la trace de mes larmes,
Et que Peau-d'Ane oublie en ce moment
Qu'à tous les yeux il faut cacher ses charmes.
Fut-il jamais de semblable tourment ? } bis

(Elle se retourne et aperçoit le pêcheur absorbé dans son occupation.)

Dieu ! Un homme est là ! Il ne m'a pas vue... (Elle remet sa peau d'âne.) C'est étrange, il ne bouge pas. Il a dû m'entendre chanter, pourtant ! (Elle le considère et avance de deux ou trois pas.) Serait-il muet ? J'ai envie de lui parler. (Elle s'adresse au pêcheur.) Mon brave homme... Rien, il n'entend pas !... Ce visage-là ressemble à quelqu'un que j'ai connu !... Mais... à qui? (Elle se prend la tête dans les mains.) Ah ! tout se confond et s'embrouille dans ma tête...

SCÈNE II

LES MÊMES, RIQUETTA.

RIQUETTA, apparaissant sur un des côtés et appelant avec impatience.

Peau-d'Ane ! Peau-d'Ane !

PEAU-D'ANE, humblement se retournant.

Est-ce vous qui m'appelez, fermière Riquetta?

RIQUETTA

Eh ! oui, c'est moi, ma fille ! Ah ! vous pouvez vous vanter de me faire faire du mauvais sang, vous ! Pendant que vous chantez vos chansons à la lune ou au soleil, comme vous voudrez, voilà vos dindons qui sont allés saccager notre champ de maïs !

PEAU-D'ANE, surprise.

Les dindons ! c'est vrai, je les avais oubliés. (A part. J'ai bien de la peine à me faire à mon métier. Fée des

Lilas, ma chère marraine, comment tout cela finira-t-il ?.
(Haut, avec niaiserie.) Alors, dame Riquetta, où faut-il que
j'aille les chercher, les dindons?

RIQUETTA

Pauvre fille, êtes-vous simple ! J'espère que les dindons vous donneront de l'esprit quelque jour, en attendant ils ne vous ont pas attendue pour rentrer dans la basse-cour pendant que notre valet de ferme les houspillait avec son bâton. Ce que vous avez de mieux à faire, c'est de rentrer dans votre chambre, car j'ai entendu un cor de chasse, et si quelques-uns des jeunes seigneurs arrivaient jusqu'à cette ferme qui appartient au domaine royal, vraiment, je mourrais de honte qu'on pût y rencontrer une fille aussi malpropre et aussi repoussante que vous... (Lui indiquant la porte par laquelle elle disparaît et s'avançant sur la scène.) Pauvre créature ! elle me fait pitié. C'est vraiment par charité que je l'ai laissée entrer ici, un soir qu'elle nous est arrivée mourant de fatigue et de faim. Elle n'est bonne à rien, toutes nos bêtes lui en remontreraient pour l'esprit ; enfin Riquetta n'a jamais repoussé personne, cela est connu à plus de dix lieues à la ronde, ce qui fait que tous les mendiants et les vagabonds viennent tomber chez nous ! (Elle montre le pêcheur du doigt.) C'est comme celui-ci, d'où sort-il? On le rencontre souvent pêchant dans la rivière, aussi muet que les poissons qu'il attrape. Je n'ai pas encore réussi à en tirer une parole. (Elle s'approche de lui.) Combien de poissons avez-vous pris aujourd'hui? (Le pêcheur ne bouge pas. Elle fait un geste d'impatience.) C'est trop fort! cet homme-là n'est pas seulement muet, il doit être sourd. (On entend le cor de chasse qui joue l'air : « Que faites-vous, p'tite jardinière ? » Je ne m'étais pas trompée, voilà le cor de chasse... Mais qui donc vient là?

SCÈNE III

LES MÊMES, LE PRINCE BOUTON-D'OR.

BOUTON-D'OR, regardant autour de lui.

Où suis-je? J'ai perdu mes compagnons de chasse et je me suis égaré... Mais c'est charmant, ce petit coin-là! Cela a l'air d'une ferme... (Apercevant Riquetta.) Et voici sans doute la fermière. Elle est fort avenante, ma foi! Bonjour, la belle enfant!

RIQUETTA, faisant la révérence en prenant sa jupe

Monseigneur!... Prince!... Votre Majesté.. Je ne sais comment dire?

BOUTON-D'OR

C'est juste, tu ne me connais pas. Je suis le prince Bouton-d'Or. J'étais venu chasser dans un des nombreux domaines du roi des Grenades, mon illustre père, et je ne sais par quelle aventure je me suis trouvé séparé de mes compagnons ; au lieu de reprendre le chemin du château, je vois que j'ai pris celui de la ferme... Comment l'appelle-t-on ?

RIQUETTA

C'est la ferme des Grenades, elle dépend du domaine royal, et moi, la fermière Riquetta, je suis votre servante, Monseigneur ! (Elle fait une nouvelle révérence.) Ne pourrais-je vous offrir quelque boisson rafraîchissante ?... La chasse est fatigante, et puis, il fait si chaud !

BOUTON-D'OR

Eh bien ! prépare-moi ce que tu voudras, quelques gimblettes avec un verre de citronnade, c'est tout ce qu'il me faut. Je vais faire le tour de cet enclos, examiner les bâtiments de ferme, me promener à mon aise ! je reviendrai tout à l'heure. C'est si rare pour nous, pauvres princes, de nous sentir libres et seuls sous le soleil... Ah ! il me semble que je suis un papillon qui essaie ses ailes pour la première fois. Belle fermière, je vais voltiger et oublier pour un instant les soucis du prince Bouton-d'Or. (Il sort et disparaît derrière la maison de ferme.)

RIQUETTA, secouant la tête.

Des soucis ! je me figurais que les princes n'en

avaient jamais. Que peut-il lui manquer à celui-ci? Il est jeune, il est beau!... (Elle semble réfléchir.) Enfin, ce n'est point mon affaire. Allons vite chercher ma boisson la plus fraîche et mes gimblettes les plus appétissantes pour faire honneur à l'illustre et charmant visiteur qu'une bonne fée nous envoie, car l'aventure me paraît extraordinaire... (Elle va vers la ferme et se trouve arrêtée par Matamore, qui lui présente des poissons dans un mouchoir en lui faisant des signes expressifs pour lui indiquer qu'il voudrait une corbeille.) Tiens, les jolis poissons! Comment! vous les avez tous pris pendant que je parlais avec le prince Bouton-d'Or, voilà qui est surprenant! Il n'y en a point dans cet endroit, et ordinairement vous y passez de longues heures sans rien attraper. Qu'est-ce que cela veut dire? (Impatientée.) C'est ma foi enrageant, d'avoir affaire à quelqu'un qui ne vous donne pas la réplique. Qu'est-ce qu'il veut donc avec cette pantomime?... Ah! j'y suis! Une corbeille pour mettre ses poissons. (Elle s'élance vers la ferme.) Attendez, je reviens!

MATAMORE, seul, il pose ses poissons sur une petite table préparée et lève les bras au ciel. (Accompagnement de l'orchestre jusqu'au retour de Riquetta.)

Enfin, me voilà seul! Je crois que je finirais par devenir muet pour tout de bon si cela continuait. Il y a quelque temps que je n'ai pu causer avec le page, retenu par son service au château. Puisqu'il n'y a personne, voyons si je retrouverai ma voix (Il chante.)

(Air : *Amis, la matinée est belle.*)

Couplet

Il faut savoir ici se taire
Et cependant ouvrir les yeux.
Je rêvais d'être mousquetaire,
Mon rôle a changé sous les Cieux.
Quand finira cette aventure,
    Saints du paradis !
Pour mes péchés je souffre, j'endure,
    Orgueil et mépris,
Et nul n'entend ma plainte ni mes cris ! (*bis*)

(A la fin du couplet, la fermière arrive. Matamore fait un soubresaut en la voyant et continue l'air à bouche fermée et ne paraît entendre ce qu'on lui dit.)

Ah! ah! ah! ah! ah! ah! ah!
Ah! ah! ah! ah!

RIQUETTA, avec une corbeille et un plateau de rafraîchissements qu'elle pose sur la table. Elle s'arrête stupéfaite devant Matamore.

Comment? Ai-je donc la berlue? C'est notre muet qui chante ! (Matamore place avec soin les poissons dans la corbeille et continue toujours son chant à bouche fermée.) C'est trop fort, il y a quelque magie là-dessous. (Elle aperçoit le prince Bouton-d'Or qui revient par un des côtés.) Ah! voici notre aimable prince. (Elle va au-devant de lui en faisant la révérence.) Prince, daignez vous asseoir et...

MATAMORE, s'avançant avec sa corbeille de poissons en recommençant son chant muet et ses balancements.

Ah! ah! ah! ah!

RIQUETTA

L'insolent, il me coupe...

LE PRINCE BOUTON-D'OR, la main sur son cœur.

Oh! laissez-moi... Je ne vois plus!... Mes yeux se troublent...

RIQUETTA, lui tendant un siège sur lequel il se laisse tomber.

Monseigneur, qu'y a-t-il? C'est la chaleur sans doute?... Ce soleil est brûlant.

LE PRINCE BOUTON-D'OR, d'un geste impérieux.

Non, ce n'est pas cela. C'est ma curiosité qui est excitée d'une façon extraordinaire par ce que je viens de voir. Je ne m'attendais guère, en arrivant dans cette ferme... Dis-moi, Riquetta, qui donc habite dans l'aile droite du bâtiment une chambre mystérieuse, fermée à clef, tout au fond du corridor?

RIQUETTA, effarée.

La chambre fermée à clef, au bout du corridor? (Elle hésite et se met à rire.) Oh! prince, rien qui soit digne d'attirer vos regards! Une pauvre fille que j'ai recueillie par pitié, si sale et si crasseuse que personne n'ose l'approcher. On l'appelle Peau-d'Ane parce qu'elle porte sur ses vêtements une vieille peau de cet animal, ce qui achève de la rendre repoussante.

MATAMORE, levant les bras au ciel, se remet à fredonner son air en se balançant.

Ah! ah! ah! ah!

LE PRINCE BOUTON-D'OR

Cé n'est pas possible! Riquetta, que veut dire ce mystère? Tu caches ici quelque grande princesse... (Il s'échauffe.) — En te quittant, tout à l'heure, j'entrais dans la ferme pour examiner l'intérieur des bâtiments, lorsque attiré par une vive lueur, qui brillait à travers le trou d'une serrure, je me suis approché, et là j'ai vu... Ah! je n'oublierai jamais ce que j'ai vu...

RIQUETTA

Prince, vous m'épouvantez!... Un revenant, peut-être?... Dans le village on croit que la ferme est hantée... (Apart.) Ma foi, il s'y passe des choses bien extraordinaires depuis quelque temps...

LE PRINCE BOUTON-D'OR

Non, non, j'y ai vu une créature vivante, bien vivante, une jeune fille avec la figure d'un ange, la plus belle qu'on puisse imaginer ; elle est vêtue d'une robe couleur de soleil, qui jetait de tels feux qu'à travers la serrure même j'ai failli en perdre la vue !...

RIQUETTA

Monseigneur, que dites-vous ?... Mais c'est impossible...

LE PRINCE BOUTON-D'OR

Impossible ! Et pourquoi ?

RIQUETTA

Parce qu'il n'y a jamais eu, dans cette chambre, chez moi, qu'une horrible fille, cette Peau-d'Âne enfin dont je vous ai parlé tout à l'heure...

LE PRINCE BOUTON-D'OR

Mais je l'ai vue, comme je te vois ! (Il joint les mains.) O ma princesse, non, mille fois non ! quelque chose me le dit, vous n'êtes pas un vain fantôme !

RIQUETTA

(A part.) Pauvre prince ! sa tête déménage !... (Joignant les mains.) Monseigneur, je vous en conjure, reprenez vos esprits ? (Elle lui verse à boire et lui présente un verre.) Buvez un peu, cela vous fera du bien.

MATAMORE présente ses poissons au prince en reprenant sa pantomime et son chant ; la musique accompagne en sourdine jusqu'à la sortie du prince.)

Ah! ah! ah!

LE PRINCE BOUTON-D'OR

(Les repoussant.) Je ne veux rien, rien, sinon savoir le nom de la princesse enfermée là-bas! (Il montre la ferme.)

MATAMORE fait un signe approbatif avec la tête.

Ah! ah! ah! ah!

LE PRINCE BOUTON-D'OR

Que me veut donc cet imbécile avec son chant et ses poissons. (Impatienté.) Voyons, Riquetta, explique-toi ?

RIQUETTA

Monseigneur, je ne puis rien vous répondre de plus Il n'y a ici aucune princesse, il n'y a que Peau-d'Ane... (Elle montre Matamore.) Quant à celui-ci, n'y prenez pas garde, c'est un pauvre muet qui est aussi tant soit peu fou, je crois, mais très inoffensif...

LE PRINCE BOUTON-D'OR

Fou! ah! c'est moi qui le deviens ! (Il s'éloigne et va pour sortir... Il se prend la tête.) Oui, oui, je suis fou et désespéré! (Il sort.)

RIQUETTA *regardant Matamore qui va se remettre à pêcher et lance sa ligne tranquillement. Elle se croise les bras.*

En voilà des aventures ! Et cet imbécile qui retourne à ses poissons ! Qu'est-ce que tout cela va devenir ? Quel est ce prince Bouton-d'Or ? Le fils du roi des Grenades ? Mais c'est le nôtre, ce roi-là... Cette année, il doit assister à notre grande fête patronale pour la Saint-Jean. Nos plus belles filles danseront le fandango devant Sa Majesté... J'en serai, moi, et de plus j'aurai l'honneur de chanter un boléro... Mais si le fils du roi devient fou, adieu la fête ! (Elle cherche dans sa poche.) Où sont mes castagnettes ? Ah ! les voici... J'ai envie d'essayer ma voix. (Elle chante.)

RIQUETTA, *chantant, avec accompagnement de castagnettes.*

Premier couplet

(Air : *La lune brille.*)

Rita, ma belle,
Pedro t'appelle,
La ritournelle
Ravit ton cœur.
Le bal commence,
Chacun s'élance,
Choisis d'avance
Un beau danseur.
Les manolas
Chantent là-bas...

(Elle agite ses castagnettes.)

SCÈNE IV

LA MÊME, LE PAGE.

LE PAGE, accourant et appelant.

Holà! quelqu'un? (Il s'arrête derrière Riquetta et applaudit.) Bravo! la jolie chanteuse! Vous allez peut-être pouvoir me renseigner : N'est-ce pas ici la ferme des Grenades, où habite une certaine Peau-d'Ane?

RIQUETTA, à part.

Bon, encore une aventure! C'est ici! Ici même, mon joli seigneur! (Elle fait la révérence.)

LE PAGE

Je ne suis pas un seigneur, je ne suis qu'un page, et je viens du château pour chercher le remède qui doit guérir le prince royal, affligé, en ce moment, d'une cruelle maladie.

RIQUETTA

Comment? Vous parlez sans doute du prince Bouton-d'Or? Il m'a semblé, en effet, que Son Altesse n'était pas dans son état ordinaire. Mais, le remède dont vous parlez?...

LE PAGE

Le remède est un gâteau, oui, un gâteau fait par

Peau-d'Ane! Le prince ne parle plus, il pousse des cris lamentables. Il déclare qu'il veut mourir, qu'il ne tient plus à la vie... Chaque fois qu'on lui offre un verre ou un flacon, il les repousse en disant : « Non! non! il me faut autre chose! » Les médecins qui l'entourent en perdent la tête : « Donnez-lui ce qu'il demande! » C'est tout ce qu'ils savent répéter au roi et à la reine désespérés. Enfin, on a fini par connaître son désir le plus ardent : il veut un gâteau fait par Peau-d'Ane.

RIQUETTA

L'idée est singulière!

LE PAGE

Oui, vraiment! Une idée de malade!

RIQUETTA

Il n'arrive ici, depuis quelque temps, que des choses fort étranges. Attendez-moi, je vais chercher Peau-d'Ane. (Elle sort.)

LE PAGE, allant vers Matamore.

Bonjour, grand majordome Matamore! Je crois que notre exil va bientôt cesser. La fée des Lilas conduit tout ceci, bien sûr. Espérons que nous verrons la fin de nos aventures.

MATAMORE

Le ciel t'entende! Mais, chut! voici Peau-d'Ane.

SCÈNE V

LES MÊMES, RIQUETTA, PEAU-D'ANE.

(Elles apportent une petite table couverte de ce qui est nécessaire pour faire un gâteau : farine, rouleau à pâte, etc., etc.)

RIQUETTA, plaçant la table.

Là! Maintenant, ma fille, obéissez au roi. Préparez un gâteau pour le prince Bouton-d'Or. (A part.) Pour moi, le remède serait pire que le mal!... Enfin!... Je fais un tour à la ferme et je vous laisse. (Elle sort.)

LE PAGE

Moi, j'attends le gâteau et l'emporterai dès qu'il sera prêt! (Il s'approche de Matamore.) Voyons si le poisson mord toujours?

PEAU-D'ANE, pétrissant la pâte.

Je ne sais si c'est un pressentiment, mais il me semble que mes malheurs vont cesser. (Elle pousse un cri.) Ah! ma bague qui tombe dans la pâte! Le sort en est jeté, qu'elle y reste! Elle cuira avec le gâteau! (Elle chante.)

Quatrième Couplet

Ah! tout me dit que ma joie est prochaine:
Adieu la ferme et les affreux dindons!

Venez à moi, bonne et tendre marraine,
Comblez mes vœux et rendez-moi vos dons !

Refrain :

Venez à moi, bonne et tendre marraine,
Comblez mes vœux et rendez-moi vos dons.
Oui, tout me dit que ma joie est prochaine :
Adieu la ferme et ses affreux dindons.

Pendant que Peau-d'Ane chante, Matamore et le page, appuyés l'un sur l'autre, la considèrent et applaudissent en approuvant de la tête.)

(La toile se baisse.)

FIN DU TROISIÈME ACTE

QUATRIEME ACTE

SCÈNE PREMIÈRE

LE ROI DES GRENADES, LA REINE DES GRENADES,
LE PRINCE BOUTON-D'OR, UNE MORESQUE, DEUX GARDES.

La scène représentera une sorte de serre ou d'orangerie qui pourra s'ouvrir par le fond et permettre de voir un grand parc au moment voulu. Le prince Bouton-d'Or, malade, sera étendu sur un fauteuil à dossier renversé ou une chaise longue. Une jeune Moresque, debout, sera occupée à chasser les mouches avec un éventail de plumes. La Reine des Grenades lui offrira une tasse de tisane qu'il repoussera du geste. Le Roi des Grenades, debout près de la fenêtre, regardera son fils d'un air sombre. Deux gardes, avec des hallebardes, seront debout à l'entrée de la pièce.

LA REINE, posant la tasse sur une table.

Mon fils, vous me désolez!... A quoi arriverons-nous si vous refusez ainsi tous les remèdes que nos plus savants médecins ont ordonnés pour votre guérison!... De grâce, souvenez-vous que vous êtes l'héritier de la couronne, l'unique descendant d'une race illustre...

LE PRINCE BOUTON-D'OR, joignant les mains d'un air fatigué.

Ah! je suis las à mourir!...

LE ROI, se rapprochant, les bras croisés sur la poitrine.

Prince, cette fois, ce n'est plus votre mère qui vous prie, c'est le roi qui ordonne : prenez cette tasse de bouillon à l'instant.

LE PRINCE BOUTON-D'OR se dresse comme un automate et avale un peu de bouillon, puis se met à crier très agité.

Mourir ou dormir! Mourir ou dormir! Fées ou enchanteurs qui habitez, peut-être, les murs de ce donjon, envoyez-moi le sommeil! (Il ferme les yeux, puis les rouvre brusquement.) Peau-d'Ane! Peau-d'Ane! où êtes-vous? Le gâteau! Le gâteau, ou je meurs!...

LA REINE, se précipitant à une sonnette.

Voilà sa folie qui le reprend... Je ne sais plus à quel saint nous vouer! Ah! Sire, il faut faire un vœu à saint Jacques de Compostelle...

LE ROI, impatienté.

Laissez les vœux pour une chose plus grave encore, madame, et tâchez seulement de comprendre la fantaisie de votre fils. Avez-vous envoyé le page à la ferme?

LA REINE

Il est parti depuis une heure, je l'attends de minute

en minute, mais le temps de faire le gâteau, de le cuire... Si encore le prince pouvait dormir... (Elle va de nouveau à la sonnette.) J'appelle les berceuses !... Ah! les voici avec le docteur.

SCÈNE II

LES MÊMES, LE DOCTEUR, LES BERCEUSES.

(Le docteur s'avance en faisant le geste du silence un doigt sur la bouche, et de l'autre, un signe aux berceuses.)

LE ROI, approuvant.

C'est bien! allez! (A part.) Voilà un médecin qui s'y entend! (Les berceuses se placent autour du lit et font le mouvement de bercer. La reine s'assied dans un fauteuil, le roi reste debout à la fenêtre. Le médecin tâte le pouls au malade.)

LES BERCEUSES, chantant.

(Air : *Combien j'ai douce souvenance*.)

Premier couplet, très doux.

Le vent souffle dans la tourelle,
Et doucement la damoiselle
En son retrait, pour s'endormir
M'appelle,
Elle voudrait, au nom de l'émir,
Frémir !

Deuxième couplet

Chante, dit-elle, une ballade
Qui vante les rois de Grenade,
Berce-moi devant le seigneur
    Alcade,
Car, chaque soir, tremblant, mon cœur
    A peur !

(*Reprise en chœur à volonté.*)

(Pendant le chant, les berceuses font un mouvement lent, en cadence, la Moresque continue à chasser les mouches, le prince Bouton-d'Or ferme les yeux, le médecin lui tient toujours le pouls.)

SCÈNE III

LES MÊMES, LE PAGE.

LE PAGE, *portant un superbe gâteau, entrant brusquement.*

Sire, voici le gâteau fait par Peau-d'Ane.

LE ROI, *au médecin, qui se recule indigné.*

Mon Dieu ! docteur, vous trouverez que c'est de l'enfantillage, peut-être ?... La reine a voulu complaire à son fils. (*Le médecin s'incline très bas et sort.*)

LA REINE

Mais voyez donc, Sire, le prince rouvre les yeux.

LE PRINCE BOUTON-D'OR, s'asseyant sur son séant

Oh! quel rêve délicieux! J'ai senti comme un baume sur mes membres brisés. Une force, une vie nouvelle circule en moi!... (Le page s'approche avec le gâteau.) Le gâteau! le gâteau de Peau-d'Ane! Ah! je renais à la vie... (Regardant autour de lui avec inquiétude.) Le médecin n'est pas là! Je veux y goûter de suite.

LA REINE, coupant le gâteau.

N'allez pas trop vite, mon cher enfant, votre estomac a besoin de ménagement.

LE PRINCE BOUTON-D'OR, portant avidement un morceau à sa bouche, tousse et semble s'étrangler tout à coup.

Dieu! Qu'est-ce que cela? J'ai failli me casser une dent... (Il sort une petite bague de sa bouche.) Tiens, un anneau! une bague!

LE ROI, se rapprochant.

Prenez garde! Quelque poison peut-être?

LE PRINCE BOUTON-D'OR

Non, non! N'ayez nulle crainte, c'est une bague mignonne faite pour aller, j'en jurerais, au plus joli petit doigt du monde.

LA REINE, examinant la bague en essayant de la mettre à son doigt.

Elle est vraiment charmante, mais il faudrait pour la mettre un doigt d'enfant.

LE ROI

Que signifie cette étrange aventure?

LE PRINCE BOUTON-D'OR

Sire, écoutez-moi, j'ai une prière à vous adresser. (Il joint les mains.) Bien souvent vous avez voulu me marier; aujourd'hui, je suis tout disposé à vous obéir, mais je vous demande d'épouser la personne qui pourra passer cette bague à son doigt...

LE ROI

Mais!...

PRINCE BOUTON-D'OR

Oh! je vous en supplie, ne me refusez pas... Il y va de ma vie!

LA REINE

Sire, nous n'avons qu'un fils... Pour moi, je ne résisterais pas à la douleur de le voir de nouveau malade. Croyez-moi, faisons venir au plus tôt ici toutes les filles du royaume en âge d'être mariées, et que sans plus tarder la bague soit essayée.

LE ROI

Reine, je n'ai rien à vous refuser. Je vais faire appeler notre grand sénéchal et m'entendre avec lui pour que le défilé se fasse dans le parc, où nous allons, si vous le voulez bien, nous rendre avec le prince.

(Le roi et la reine prendront le prince par la main. Le page les précédera en portant le gâteau. Le décor s'ouvrira et laissera voir un parc avec trône de verdure.)

SCÈNE IV

LE ROI DES GRENADES, LA REINE DES GRENADES, LE PRINCE BOUTON-D'OR, DAMES D'HONNEUR, SEIGNEURS, PAGES, GARDES, FIGURANTS ET FIGURANTES.

La scène représente un parc avec trône champêtre sur un des côtés. Le roi et la reine sont assis de chaque côté du prince Bouton-d'Or. Un page fléchissant le genou, présentera l'anneau au prince sur un plateau. Le majordome suivra, chapeau bas, il s'avancera à la tête du cortège des princesses, bourgeoises et filles des champs prêtes à défiler pour la bague.

TOUTES LES JEUNES FILLES

Chœur.

(Air : *La Fenotte.*)

Bel anneau d'or nous dira
Le nom de l'heureuse fille.
Bel anneau d'or nous dira
Qui le prince épousera.

LE PRINCE BOUTON-D'OR, après chaque essai de la bague.

Premier couplet

Ce n'est pas vous, ma gentille
Aux yeux noirs, sous la mantille,
Ce n'est pas vous, ma gentille
De qui le doigt passera.

Chœur

Bel anneau d'or nous dira, etc., etc.

LE PRINCE BOUTON-D'OR

Deuxième couplet

Elle viendra de Castille.
Point comme vous ne s'habille;
Elle viendra de Castille.
Le sort la désignera.

Chœur

Bel anneau d'or nous dira
Le nom de l'heureuse fille,
Bel anneau d'or nous dira
Qui le prince épousera.

(Le majordome présente tour à tour les princesses, demoiselles, etc. Chacune fait une révérence profonde devant le roi et le défilé dure autant que le chant. — Après la dernière, elles se rangeront toutes sur un des côtés de la scène.)

LE PRINCE BOUTON-D'OR, après chaque essai, fait des mouvements désespérés.

Non, non, tous ces doigts-là, bien jolis pourtant, sont beaucoup trop gros pour ma petite bague. (Se tournant vers le roi.) Sire, Votre Majesté en est témoin.

LE ROI

Mais, mon fils, nous avons fait venir ici des jeunes filles de tous rangs : princesses, petites bourgeoises, filles des champs!...

LE PRINCE BOUTON-D'OR, interrompant.

Il y a encore les filles de basse-cour, les dindonnières...

LA REINE

Prince, vous n'y pensez pas, ces créatures-là ne peuvent avoir que de gros doigts rouges et grossiers bien différents de ceux que nous venons de voir, et qui pourtant n'entrent pas dans la bague. Rien ne m'ôtera de l'esprit que cette bague est ensorcelée, car je me pique d'avoir la main fine (Elle montre sa main.) et cet anneau ne peut même pas dépasser la première phalange de mon petit doigt! Il faut y renoncer.

LE PRINCE BOUTON-D'OR, se levant, avec un geste dramatique.

Y renoncer! Plutôt mourir mille fois!...
A ce moment il est interrompu par un colloque à l'une des

portes : le page et le majordome luttent ensemble, le premier pour laisser entrer, le second pour repousser Matamore, qui s'avance en chantant son air favori à bouche fermée.)

Mais que se passe-t-il donc? Quel est ce bruit? Qui chante ainsi? (Il se frappe le front.) Où donc ai-je entendu cet air-là?

SCÈNE V

LES MÊMES, MATAMORE, RIQUETTA.

(Matamore tenant un panier de poissons qu'il dépose aux pieds du prince, il fléchit le genou et montre la porte où apparaît Riquetta. Il se relève et chante toujours à bouche fermée. La musique accompagne en sourdine.)

LE ROI, à part.

Que veut dire tout ceci?

LA REINE

Voilà un singulier personnage! D'où vient-il? Comment l'a-t-on laissé s'introduire ici?

LE PAGE, s'avançant suppliant.

Oh! Sire, de grâce, permettez à ce pauvre muet d'arriver jusqu'à Votre Majesté!

LE PRINCE BOUTON-D'OR

Je le connais et je le prends sous ma protection. Mais, que vois-je? Riquetta! La jolie fermière du domaine des Grenades!... (A part.) Et Peau-d'Ane?

LA REINE

Riquetta! c'est elle en effet, et dans ses plus beaux atours encore! En quel honneur s'est-elle donc faite si belle! (A Riquetta.) Approche, mon enfant, et dis-moi ce qui t'amène?

RIQUETTA, après avoir fait trois profondes révérences au roi, à la reine, au prince.

Sire, Madame, je venais rappeler à Vos Illustres Majestés que c'est aujourd'hui la Saint-Jean; nos filles et nos garçons sont réunis pour danser la *Fandango*, et chaque année, si j'ai bonne mémoire, le roi et la reine des Grenades honorent cette fête de leur présence. La vieille fermière est morte depuis l'an dernier, et c'est moi, nouvelle mariée, qui suis chargée de faire les invitations et de perpétuer ce vieil usage si cher à vos sujets...

LE PRINCE BOUTON-D'OR, interrompant et regardant le roi et la reine d'un air suppliant.

Sire, Madame, ne me laissez pas plus longtemps dans cette attente cruelle! Accordez-moi la faveur que je vous ai demandée... Il n'est même pas besoin d'appeler ici toutes les dindonnières du pays, je n'en veux qu'une pour tenter l'épreuve de la bague, et celle-là, Riquetta la connaît, elle s'appelle Peau-d'Ane.

LE ROI, à la reine.

Peau-d'Ane?... N'est-ce pas déjà le gâteau fait par cette fille qui a guéri notre fils?... Reine, j'y perds à la fois mon grec et mon latin, je ne trouve même plus d'expression dans notre noble langue espagnole pour...

LA REINE, interrompant.

Croyez-moi, Sire, allons au plus pressé. Riquetta, le roi et la reine des Grenades vous l'ordonnent, si vous connaissez une fille qui s'appelle Peau-d'Ane, amenez-la ici sans tarder.

RIQUETTA, faisant la révérence.

J'obéis, et je n'ai pas besoin d'aller bien loin pour la chercher, car la disgrâce de cette pauvre fille m'ayant fait redouter de la laisser seule à la ferme en mon absence, je l'ai fait venir jusqu'ici, à l'entrée d'une antichambre, cachée derrière une tapisserie. (A Matamore, qu'elle coudoie au passage.) Maladroit, va!... (A part.) Quel drôle d'air il a, notre muet? On dirait qu'il grille d'envie de parler! (Elle sort.)

MATAMORE, se rapprochant du page, tous deux sur le
devant de la scène.

Page, mon beau page, voici je crois, la fin de nos aventures. La fée des Lilas doit mener tout cela ? A propos, vous ne m'avez pas dit comment vous étiez venu au château du roi des Grenades ?

LE PAGE, confidentiellement.

Mon cher, j'y ai été transporté comme vous à la ferme, un coup de baguette de la fée a suffi ! Le page du roi Beau-Soleil est allé chez le roi des Grenades et celui du roi des Grenades est allé chez le roi Beau-Soleil ! Les deux monarques ne se sont pas douté de la substitution. Là-bas, j'avais un costume rose, ici, il est bleu, voilà toute la différence.

MATAMORE

Oui, la fée des Lilas l'avait dit, nous devions suivre Peau-d'Ane partout, même au bout du monde... Et Myrtil ?...

LE PAGE

Myrtil ! Je m'attends à le voir apparaître tout à l'heure ! Chut ! voici Peau-d'Ane !

SCÈNE VI

LES MÊMES, PEAU D'ANE.

(La musique joue en sourdine l'air précédent : « *Bel anneau d'or,* etc. » Riquetta s'avancera suivie de Peau-d'Ane et toutes les deux font leurs révérences devant le trône.)

TOUS LES ASSISTANTS, d'un côté.

Quelle est cette horrible fille?

TOUTES LES JEUNES FILLES, PRINCESSES, DEMOISELLES, etc., de l'autre.

C'est un monstre!...

LE PRINCE, d'une voix tremblante et tendant l'anneau.

Montrez votre doigt?

Chœur, pendant l'essai de la bague.

Bel anneau d'or nous dira
Le nom de l'heureuse fille,
Bel anneau d'or nous dira
Qui le prince épousera.

LE PRINCE, jetant un cri.

Merveille! La bague est entrée.

PEAU-D'ANE, *secouant sa vilaine peau, apparaît souriante, les cheveux déployés et vêtue de sa robe couleur du soleil.*

Prince, me reconnaissez-vous ?

LE PRINCE, *la prenant par la main.*

C'est elle ! La voilà, l'apparition charmante que mes yeux avaient entrevue à travers le trou de la serrure... Non, je ne rêvais pas !... Non, je n'étais pas fou !...

TOUS LES ASSISTANTS

Qui nous donnera la clef de ce mystère !

On entend jouer dans la coulisse l'air du premier acte ; *Près du jardin*, etc. A ce moment, la fée des Lilas fera son entrée sur son petit char, conduit par un mouton, que Myrtil tiendra par la bride.)

SCÈNE VII

LES MÊMES, LA FÉE DES LILAS, MYRTIL

PEAU-D'ANE, *prête à s'élancer.*

Dieu, ma marraine !

LA REINE, *au roi.*

Sire, il n'y a qu'une fée qui puisse voyager en pareil équipage ! Votre Majesté devrait aller au-devant d'elle.

LE ROI, *s'avançant, tend la main à la fée pour l'aider à descendre de son équipage.*

Madame, un tel honneur, une telle visite nous comble de joie! A quoi devons-nous?...

LA FÉE DES LILAS, *baisant Peau-d'Ane au front et la touchant de sa baguette.*

Je suis la fée des Lilas, et c'est pour ma filleule que je descends, en ce moment, au royaume des Grenades. Peau-d'Ane n'était qu'un nom et un déguisement sous lesquels se cachait la princesse Bella, fille du puissant roi Beau-Soleil, afin de se soustraire au mariage absurde que son père, conseillé par l'enchanteur Merlin, voulait lui faire contracter. J'ai voulu sauver ma filleule d'une telle tyrannie; c'est par mes ordres qu'elle est venue ici, où sa véritable destinée l'attendait. Mon pouvoir, supérieur à celui de l'enchanteur Merlin, a détruit complètement sa funeste influence. Aujourd'hui, le roi Beau-Soleil, averti par moi des événements qui viennent de se passer, ne brûle plus que du désir d'embrasser sa fille et de connaître le prince Bouton-d'Or. L'anneau que le prince a trouvé dans le gâteau de Peau-d'Ane est enchanté; il était réservé à ma filleule et ne pouvait aller qu'au doigt de l'infante Bella.

(Elle touche Matamore de sa baguette, et celui-ci reparaît dans son costume du premier acte, vert et jaune. Rapidement, on lui enlèvera sa veste blanche, etc., etc.)

PEAU-D'ANE

Mais c'est Matamore !

MATAMORE, tombant à ses genoux

Oui, c'est moi, princesse, votre vieux et fidèle serviteur.

RIQUETTA, levant les bras au ciel.

Ah çà ! je n'ai pas la berlue, voici notre muet qui parle !...

PEAU-D'ANE, se retournant, aperçoit le page, qui tombe à ses genoux.

Ah ! je reconnais aussi mon page, mon gentil page qui portait mes couleurs. (Elle regarde attentivement Myrtil, qui tombe à ses genoux au même moment.) Eh ! je ne me trompe pas, c'est Myrtil ! Mais comme il est changé !... Myrtil ! Est-ce bien toi ? Tu n'avais pas les cheveux gris autrefois ?

LA FÉE DES LILAS

Hélas ! la mort du bel ânon qui rendait des pièces d'or, et dont il était si fier, a vieilli de vingt ans ce pauvre garçon. Mais il se consolera en revoyant le cher objet de ses soins, de noble allure encore et richement harnaché, car nous le ferons empailler, et il figurera ainsi au musée du roi Beau-Soleil. Myrtil, prends donc la peau de l'âne, nous l'emporterons !...

PEAU-D'ANE

Oh! ma marraine, la vue de ces bons serviteurs me réjouit et me donne envie de pleurer! Et mes chères demoiselles d'honneur, où sont-elles? Et mon père, quand pourrai-je le revoir?

LA FÉE DES LILAS

Tout viendra à son heure, enfant! Carmélita, apparaissez, je le veux. (Levant sa baguette.) Je l'ordonne!
Carmélita sortira de derrière une tapisserie suivie d'une ou deux demoiselles d'honneur.)

PEAU-D'ANE

Carmélita! je rêve!... (Elle la presse dans ses bras.)

CARMÉLITA

Ma chère princesse!

LA FÉE DES LILAS, s'adressant au roi.

Comme Votre Majesté pourrait encore avoir des doutes, voici des témoins irrécusables qui donneront plus de poids au récit que je viens de faire.

LE ROI, avec un geste de protestation.

Madame et puissante fée, ce que vous venez de nous apprendre est tellement merveilleux que nous ne pouvons que bénir la bonne étoile de notre fils, qui lui fait rencontrer, pour compagne dans la vie, une princesse aussi accomplie que la princesse Bella et une protectrice comme la fée des Lilas. Ce soir même, si vous y consentez, nous allons célébrer ici les fiançailles de votre filleule et de notre fils. Une heureuse coïncidence, la fête de la Saint-Jean, qui est celle de la contrée, et à laquelle une très ancienne coutume réunit le roi à ses vassaux, va permettre à notre bon peuple de partager notre bonheur; vous plairait-il, madame la fée, que cette jeunesse pût se divertir quelques instants sous vos yeux?

LA FÉE DES LILAS

J'y consens, Sire, et j'en serai charmée; à mon tour, je demande au roi des Grenades d'emmener ce soir même le prince Bouton-d'Or et sa charmante fiancée pour les conduire au roi Beau-Soleil, qui les attend ainsi que Vos Majestés. C'est dans son royaume que, d'après l'arrêt des fées, devra être célébré ce mariage illustre destiné à faire le bonheur de deux peuples, car Bouton-d'Or et Bella règneront un jour sur les deux royaumes réunis de Beau-Soleil et des Grenades.

LE ROI DES GRENADES

Aimable et puissante fée, je m'incline devant vos paroles; dès demain, la reine et moi, nous nous mettrons en route pour le royaume de Beau-Soleil, où vous allez nous précéder. Ce soir, donc, célébrons joyeusement les fiançailles de ces enfants, et que mes fidèles sujets soient les premiers à faire hommage au jeune couple destiné à nous succéder. Gardes, qu'on laisse entrer notre bon peuple. (On verra entrer à la fois des paysans, paysanes, figurants aussi nombreux qu'on pourra.

LA REINE, à la fée.

Madame, daignez prendre place à côté de Sa Majesté. (Elle cède la place à la fée, qui s'assied entre le roi et elle. Prenant la main de Bella.) Ma chère enfant, mettez-vous là... (Le prince Bouton-d'Or et sa fiancée s'assoient une marche plus bas devant le trône du roi.) le prince sera à côté de vous.

LE ROI, faisant signe au maître de cérémonie.

Qu'on ne manque pas de commencer la fête par le chant traditionnel du *Boléro?* (Le maître de cérémonie fait un signe à Riquetta.)

RIQUETTA, agitant les castagnettes et s'avançant devant le trône.

Premier couplet

(Air : Les *Deux Aveugles.*)

Rita, ma belle,
Pedro t'appelle,
La ritournelle
Ravit ton cœur.
Le bal commence,
Chacun s'élance,
Choisis d'avance
Un beau danseur.

Chœur

Les manolas } *bis.*
Chantent là-bas.
Sans embarras,
Suivez leurs pas.
Battez le joyeux tambour,
Élancez-vous tour à tour.
Rataplan, plan, plan, etc.

RIQUETTA, d'un air engageant, à Matamore.

Puisque vous n'êtes plus muet, vous pouvez danser?...
Si le cœur vous en dit?...

MATAMORE, agitant le tambour de basque.

Deuxième couplet

Pareille avance,
Pour une danse,
Est une chance,
Un vrai bonheur.

(Prenant la main de Riquetta.)

Belle fermière
Sous la lumière,
Passez première
Avec ardeur!

(Ils exécutent ensemble un pas de danse pendant le chœur.)

Chœur

Les manolas } *bis.*
Chantent là-bas.

Sans embarras,
Suivez leurs pas.
Battez, le joyeux tambour,
Élancez-vous tour à tour.
Rataplan, plan, plan, etc.

TOUS LES ASSISTANTS

Bravo! bravo! Riquetta!

(Air de danse : *La Fandango*.)

(Après le chant, tous les danseurs exécuteront le même pas: une *Fandango* à caractère, et viendront en terminant saluer le roi et son entourage. — Les couples se replaceront ensuite en formant un cercle autour du prince Bouton-d'Or et de sa fiancée, qui se lèveront pour exécuter le même pas que les précédents. La figure se terminera par le salut et la révérence de tous les assistants au couple royal qui rendra salut et révérence, puis s'inclinera profondément du côté du trône. Au moment où la musique s'arrêtera on verra s'avancer le petit équipage de la fée, conduit par Myrtil. La fée descendra du trône, prendra les deux fiancés par la main et les mènera au roi et à la reine.)

LA FÉE DES LILAS

Roi et reine, nous vous disons : au revoir! Le roi Beau-Soleil vous attend et nous allons lui annoncer votre arrivée prochaine. (Elle entraîne les deux jeunes gens après qu'ils ont embrassé le roi et la reine, les fait monter dans le petit équipage et se place au milieu d'eux. Le roi et la reine leur envoient des baisers. — Les assistants lèvent leurs chapeaux avec enthousiasme, les femmes agitent leurs mouchoirs. — La princesse Bella envoie des baisers, le prince Bouton-d'Or lève son toquet. — Myrtil tiendra la peau de l'âne en trophée et la musique jouera avec entrain l'air final.)

CARMÉLITA, s'avançant, au public.

L'histoire de Peau-d'Ane vous prouve, mes chers enfants, qu'on ne doit jamais désespérer de rien, car le bonheur s'achète en ce monde et disons, pour finir, avec l'aimable fée des Lilas, que dans tout mariage il faut des époux assortis.

Premier couplet

(Air : *La véritable Manola.*)

Or, c'est ainsi que tout s'arrange
Dans le pays du merveilleux
Les tableaux passent sous nos yeux!
Et c'est pour nous plaisir étrange!

Chœur

Aussi, tant qu'on s'amusera, *bis*
Oui, Peau-d'Ane toujours plaira.
Ah! ah! ah! ah! ah! ah! ah! (*bis*)
O là! Voilà! O là! Voilà!
Ah! ah! ah! ah! ah! ah! ah! (*bis*)
Oui, Peau-d'Ane toujours plaira.

MATAMORE

Le vieux fabuliste qu'on aime
Disait avec naïveté :
« Si Peau-d'Ane m'était conté
"y prendrais un plaisir extrême! »

Chœur

Aussi, tant que le monde ira, } *bis*
Oui, Peau-d'Ane toujours plaira. }
Ah! ah! ah! ah! ah! ah! ah! (*bis*)
O là! Voilà! O là! Voilà!
Ah! ah! ah! ah! ah! ah! ah! (*bis*)
Oui, Peau-d'Ane toujours plaira.

LA PRINCESSE BELLA, au public.

Sachez donc, aimable auditoire,
Tendres parents, petits amis,
Qu'ici les bravos sont permis.
Si, comme moi, vous pouvez croire

Chœur

Que tant qu'un cœur jeune sera, } *bis*
Oui, Peau-d'Ane toujours plaira. }
Ah! ah! ah! ah! ah! ah! ah! (*bis*)
O là! Voilà! O là! Voilà!
Ah! ah! ah! ah! ah! ah! ah! (*bis*)
Oui, Peau-d'Ane toujours plaira.

(*La toile se baisse.*)

FIN.

La Pantoufle de Cendrillon

PERSONNAGES

CENDRILLON.

JAVOTTE }
FANCHON } sœurs de Cendrillon.

LA MÈRE de Javotte et de Fanchon.

LA FÉE, marraine de Cendrillon.

LE ROI.

UNE DUCHESSE.

UNE MARQUISE.

Dames et Cavaliers invités au bal, — Gardes, — Officiers, Pages, — Marmiton.

SOMMAIRE DES MORCEAUX (1)

N° 1. — OUVERTURE.
N° 2. — *Vité, allons, pour danser au bal.*
N° 3. — *O ma bonne marraine.*
N° 4. — *Vous allez savoir.*
N° 5. — *Souviens-toi, sur ta tête.*
N° 6. — *Air de danse.*
N° 7. — *Belle Dame, entrez en danse.*
N° 8. — *Menuet.*
N° 9. — *Air de danse.*
N° 10. — *Ah! mais vraiment.*
N° 11. — *C'est la retraite.*
N° 12. — *Marche du cortège.*
N° 13. — *Dans Cendrillon, sous ces atours*
N° 14. — *O ma princesse.*
N° 15. — *Du joli royaume des fleurs.*

---

(1) La partition orchestrée, de la *Pantoufle de Cendrillon* se trouve chez PINATEL, éditeur, 18, faubourg Poissonnière, Paris.

INDICATION DES COSTUMES

Cendrillon. — Au premier acte, sarrau gris assez ample qui cachera sa toilette. — Toilette de bal blanche et or. — Plume blanche dans les cheveux. — Éventail.

Javotte. — Robe jaune s'ouvrant sur une jupe bleue. — Ornements. — Plume jaune dans les cheveux. — Éventail.

Fanchon. — Robe verte s'ouvrant sur une jupe rose. — Ornements. — Plume rose dans les cheveux. — Éventail.

La Mère. — Robe grenat ou violette s'ouvrant sur une jupe jaune. — Coiffure à la Maintenon.

La Fée. — Robe bleu-de-ciel, étoilée d'or. — Long voile. — Baguette dorée à la main. — Étoile ou croissant doré au front.

Le Roi. — Justaucorps et culotte de satin blanc. — Ornements. — Plume blanche au toquet de satin blanc.

Une Marquise. — Robe jaune s'ouvrant sur une jupe cramoisie. — Plume rouge dans les cheveux. — Éventail.

Une Duchesse. — Robe rose s'ouvrant sur une jupe rose. — Plume rose dans les cheveux. — Éventail.

Les costumes seront tous de la même époque.

LA
Pantoufle de Cendrillon

Saynète-Opérette en quatre actes

La scène représente une chambre à coucher. Cendrillon, accroupie auprès de la cheminée, pauvrement vêtue, nettoie l'intérieur du foyer. Petit bonnet noir, robe fanée, savates aux pieds, une brosse et un torchon à la main. — Pendant ce temps, l'une de ses sœurs, debout devant la glace, arrange un bouquet de fleurs sur sa tête; l'autre, assise, se poudre les cheveux en tenant un petit miroir à la main. Leur mère, étendue nonchalamment sur un canapé, achève de lire un roman et bâille avec ennui. Ces trois dernières sont en toilette de bal avec un peignoir sur les épaules.

PREMIER ACTE

SCÈNE PREMIÈRE

CENDRILLON, JAVOTTE, FANCHON, LA MÈRE

CENDRILLON, à mi-voix en soupirant et regardant ses sœurs.
Qu'elles sont heureuses d'aller au bal !

LA MÈRE

Voyons, Mesdemoiselles, il faut vous hâter. Que vous

êtes longues à vous coiffer! (D'un air dur.) Que fais-tu donc là, Cendrillon, au lieu de les aider?

CENDRILLON, doucement.

Ma mère, j'achève de frotter la cheminée comme vous me l'avez commandé ce matin.

LA MÈRE

Voyez un peu cette maladroite, toujours occupée d'autre chose quand on a besoin d'elle!

JAVOTTE, frappant du pied.

Ah! je n'arrive pas à placer cette rose!... Cendrillon, tu es insupportable! Il y a une heure que je serais prête si tu savais être là quand on a besoin de toi!

FANCHON, d'un air furieux.

Eh bien! et moi? tu vas me laisser perdre mon temps? Viens me poser cette mouche sur la tempe gauche. Je ne puis rien voir dans ce miroir. Cendrillon!

CENDRILLON, doucement.

Me voici, ma sœur.

LA MÈRE

Cendrillon!!! Dieu! que cette fille est lente à faire quelque chose! Viens ici, m'attacher mes boucles de souliers.

CENDRILLON, à genoux, attache les boucles des souliers

Oui, ma mère.

LA MÈRE

A propos, as-tu, ce matin, ravaudé le linge de tes sœurs ? As-tu empesé leurs jupes et gauffré leurs collerettes et leurs manchettes ?

CENDRILLON

Oui, ma mère.

LA MÈRE

As-tu mis la vaisselle en place, as-tu ciré et frotté les escaliers ?

CENDRILLON

Oui, ma mère.

JAVOTTE

Cendrillon ! Viens donc ici faire le nœud de mon ruban. (Cendrillon lui attache un ruban au cou.) Dis-moi, ma chère, serais-tu bien aise d'aller au bal ?

CENDRILLON, joignant les mains.

Oh ! Mademoiselle Javotte, que dites-vous ? Si vous me prêtiez seulement votre habit jaune que vous mettez tous les jours, je pourrais peut-être y entrer, je pourrais vous y voir !

JAVOTTE

Fi donc! moi, prêter mon habit jaune à une Cendrillon telle que toi!

FANCHON

Voyez un peu l'effrontée qui pense à aller au bal! La belle figure que tu y ferais!...

JAVOTTE

Il y aurait de quoi rire!... et les laquais te jetteraient à la porte pour le moins.

CENDRILLON

Oh! Mesdemoiselles, je tiendrais si peu de place, je me mettrais dans un coin si petit, que personne ne ferait attention à moi!

LA MÈRE

Allons! allons! trêve de bavardage! Aide-nous à mettre nos manteaux, il est temps de partir; le carrosse qui vient nous chercher doit être à la porte.

CENDRILLON, les aidant à se couvrir de leurs capuchons et de leurs manteaux ou sorties de bal.

Vous me raconterez ce que vous aurez vu, mes sœurs?

FANCHON

Oui, oui, nous te dirons comment on aura traité des filles de qualité comme nous !

JAVOTTE

Le fils du roi, le jeune prince, qu'on dit si aimable, ne peut manquer de nous remarquer !

FANCHON

Et de nous inviter pour figurer au menuet !

CENDRILLON, soupirant.

Oh ! que je voudrais être à votre place !

LA MÈRE, la poussant rudement.

Tais-toi, et va à ton ouvrage. Essuie, balaie, mets tout en place ! Prépare nos lits pour le retour. Tu mettras une bouilloire près du feu.

JAVOTTE

Aie soin de tenir prêts ma jupe rouge et mon casaquin amarante que je veux mettre demain.

FANCHON

N'oublie pas de bassiner mes draps !

JAVOTTE, sur la porte.

Adieu, Cendrillon ! (Chantant.)

Air : *Bon royage, cher Dumollet*.

Refrain

Vite, allons, pour danser au bal,
Où chapeau bas, en nous voyant si belles,
On dira : « Nobles demoiselles,
« Sans vous jamais de brillant carnaval. »

FANCHON, chantant.

Premier Couplet

Le roi viendra galamment nous conduire
Pour la gavotte et pour le menuet,
Et l'on verra miroiter et reluire,
Sous nos joyaux, l'ajustement coquet.

FANCHON ET JAVOTTE, ensemble.

Vite, allons, pour danser au bal,
Où chapeau bas, en nous voyant si belles,
On dira : « Nobles demoiselles,
« Sans vous jamais de brillant carnaval. »

LA MÈRE, chantant et s'exerçant à faire la révérence.

Deuxième Couplet

Devant le roi, faisant ma révérence,
Dans les salons tout brillants de clartés,
J'aurai l'honneur d'entendre, en sa présence,
Vanter partout ces deux riches beautés.

(Elle montre ses filles).

LA MÈRE, JAVOTTE ET FANCHON

Refrain, chantant et sautillant.

Vite, allons, pour danser au bal,
Où chapeau bas, en vous voyant si belles,
On dira : « Nobles demoiselles,
« Sans vous jamais de brillant carnaval. »

(Elles sortent.)

SCÈNE II

CENDRILLON, seule.

Pendant qu'elles chantent, Cendrillon a pris un balai ; elle essaye de balayer, mais elle s'arrête pour les regarder en s'essuyant les yeux. Au moment où elles ferment la porte, Cendrillon lâche le balai et tombe assise sur sa chaise au coin du feu, la tête dans ses mains, elle pleure.

CENDRILLON, assise au coin de la cheminée, la tête appuyée dans sa main.

Elles sont parties, et moi je suis seule, toujours seule, à faire le ménage, ravauder, nettoyer et le reste !... Quand j'ai fini, je m'ennuie et je suis triste... Personne ne m'aime !... Mes sœurs sont bien heureuses ! (Elle reste pensive.) Oh ! que j'aurais voulu aller à ce bal ! (Elle regarde sa robe.) Mais comment faire avec de tels habits ? Ah ! si ma marraine était là !

(Chantant.)

Premier Couplet

Air : *Malbrough s'en va-t-en guerre,* etc.

O ma bonne Marraine !
Vous voyez Cendrillon dans la peine,
O ma bonne Marraine !
Venez me consoler (*ter*).

Deuxième Couplet

On danse chez la reine,
Vers ce bal le désir qui m'entraîne
Vous dit : « Brisez ma chaîne,
« Faut-il toujours pleurer ? » (*ter*).

Reprise du premier couplet : *O ma bonne marraine,* etc.

SCÈNE III

CENDRILLON, LA FÉE

(On entend un bruit dans la coulisse. La Fée apparaît sous le manteau de la cheminée, éclairée par un feu de Bengale.)

LA FÉE

Cendrillon, tu m'as appelée, me voici ! Je connais ton chagrin, je viens à ton secours ! Tu as toujours été bonne et douce, je veux te récompenser. Tu veux aller au bal où sont tes sœurs ? Par ma baguette, tu vas y aller, et sur l'heure !

CENDRILLON, debout, joignant les mains.

O ma marraine! serait-il vrai? Mais comment... Comment pourrai-je y aller?

LA FÉE, jouant l'étonnement.

Comment?... Qu'est-ce qui t'embarrasse? Ah! j'y suis. Il te faut un carrosse! Eh bien! va dans le jardin, et apporte-moi la plus belle citrouille que tu trouveras!

CENDRILLON, à part.

Mon Dieu! Comment cette citrouille pourra-t-elle me faire aller au bal? (Haut.) J'y cours, ma marraine!

LA FÉE

Ah! mais, attends, cette citrouille pourrait devenir embarrassante, tout à l'heure, si tu l'apportais ici; laisse-la dans la cour devant la porte d'entrée, et reviens.

(Cendrillon sort.)

SCÈNE IV

LA FÉE, seule.

LA FÉE, faisant quelques pas, sa baguette à la main.

Air : *Ah! mon beau château, ma tante, tire, tire, tire*, etc.

Vous allez savoir
Ce que fait une marraine,
Lorsque son pouvoir
Veut chasser le désespoir.

Pauvre Cendrillon,
Oui, ta victoire est prochaine.
Pauvre Cendrillon,
Abandonne ton haillon.

Je le veux, ce soir,
Des cœurs tu seras la reine.
Le roi, plein d'espoir,
Ne vivra plus sans te voir.

SCÈNE V

LA FÉE, CENDRILLON

CENDRILLON, entrant.

J'ai laissé la citrouille devant la porte, comme vous me l'avez recommandé, ma marraine. Elle se trouve presque devant cette fenêtre.

LA FÉE

Bon! ouvre la fenêtre et regarde.

(La fée étend sa baguette vers la fenêtre, du côté où doit se trouver la citrouille.)

CENDRILLON, levant les bras avec étonnement.

Que vois-je! Un superbe carrosse tout doré! La citrouille n'y est plus!...

LA FÉE

Il te faut des chevaux maintenant. Cherche la souricière qui est sous l'armoire du vestibule, et si tu trouves des souris prises, fais-les sortir une par une, à côté du carrosse, dans la cour. Va !

(Cendrillon sort.)

CENDRILLON, du dehors criant.

Marraine, il y en a six !

LA FÉE

J'ordonne que par ma baguette chaque souris soit changée en un beau cheval gris pommelé !

(Elle étend sa baguette six fois vers la fenêtre.)

CENDRILLON, du dehors.

Marraine, l'attelage est superbe. Oh ! les chevaux piaffent d'impatience, il faudrait un cocher pour les retenir. Si j'allais chercher la ratière ? Vous pourriez changer un rat en cocher ?

LA FÉE

C'est une idée ! Cours chercher la ratière.

CENDRILLON, toujours du dehors.

Marraine, il y a trois gros rats !

LA FÉE

Choisis celui des trois qui a la plus belle barbe. (Dirigeant sa baguette du côté de la fenêtre.) Je veux qu'à l'instant il devienne un cocher!

CENDRILLON, du dehors.

Oh! Marraine! quelle merveille! Il est déjà sur le siège, il a les plus grandes moustaches que j'aie jamais vues!

LA FÉE

Ce n'est pas tout. Va encore dans le jardin, tu y trouveras six lézards, derrière l'arrosoir, apporte-les également.

CENDRILLON, au bout d'un instant et du dehors.

Marraine, ils sont là!

LA FÉE

Par mon pouvoir magique, je veux que ces six lézards deviennent six laquais.

CENDRILLON

Les voilà! les voilà! ils montent derrière le carrosse. On dirait qu'ils n'ont fait autre chose de leur vie!... Ils ont vraiment l'air de laquais de bonne maison, avec leurs habits chamarrés de vert et de jaune!...

(Elle revient sur la scène.)

LA FÉE, montrant le côté de la fenêtre.

Eh bien! voilà de quoi aller au bal!...

CENDRILLON

Oui, mais, est-ce que j'irai comme cela avec mes vilains habits!...

LA FÉE la touche du bout de sa baguette.

(Cendrillon enlèvera prestement quelques épingles qui retiennent son sarrau en haillons; sous ce vêtement apparaîtra une brillante toilette. Son petit bonnet noir tombera et laissera ses cheveux s'étaler sur ses épaules, elle abandonnera sa vieille chaussure, et son pied, chaussé de bas roses, apparaîtra, attendant la paire de pantoufles de vair.)

CENDRILLON

Oh! quel prodige! Oh! ma chère marraine!... Ces beaux habits à moi! Oh! ce n'est plus moi!... Je ne me reconnais plus!...

LA FÉE, tirant de sa poche une paire de petites pantoufles qu'on pourra choisir en velours ou en satin assorties à la toilette de Cendrillon.

Tiens! mets ces pantoufles de vair qui compléteront ta parure!

(Cendrillon se chausse.)

LA FÉE

Écoute, maintenant, mes dernières recommandations : Pars, fait ton entrée au bal et amuse-toi le mieux du monde ; mais aussitôt que sonnera minuit, quitte à l'instant la danse et la fête. S'il t'arrivait de rester une minute de plus, ton carrosse redeviendrait citrouille, tes chevaux des souris, tes laquais des lézards et tes beaux habits reprendraient leur première forme.

CENDRILLON

Oh ! ma marraine, je vous obéirai ! Au premier coup de minuit je quitterai le bal !

LA FÉE

Adieu ! adieu !

(Chantant.)

Air : *Il était un' bergère, et ron, ron, ron, petit patapon,* etc.

Premier Couplet

Souviens-toi, sur ta tête,
Qu'il faut, sans bruit,
Au coup de minuit,
Vite quitter la fête,
A l'heure de minuit,
Sans bruit,
A l'heure de minuit !

CENDRILLON, chantant.

Deuxième Couplet

Je promets, sur ma tête,
Vite et sans bruit,
Au coup de minuit,
De quitter cette fête,
A l'heure de minuit,
Sans bruit,
A l'heure de minuit !

(Cendrillon embrasse sa marraine et sort.)

Un feu de Bengale enveloppe la fée, la toile se baisse.

ACTE II

SCÈNE PREMIÈRE

LE ROI, LES INVITÉS, UN OFFICIER, LES DAMES, LES CAVALIERS, CENDRILLON, LA MÈRE, JAVOTTE ET FANCHON.

La scène représente un salon brillamment éclairé. Au fond, le jeune roi assis sur son trône, entouré d'enfants plus petits habillés en pages. Sur un des côtés, assises sur la même banquette, les deux sœurs de Cendrillon et leur mère. La musique joue un air de danse, polka ou mazurka, et différents groupes passent et repassent en exécutant le pas. — Si la pièce est représentée dans un pensionnat, les petites filles choisies pour remplir le rôle de cavaliers se distingueront de leurs danseuses par le tricorne qu'elles porteront sous le bras et par leur coiffure en catogan. Au moment de l'entrée de Cendrillon, la musique cesse, les danseurs s'arrêtent, le roi va au-devant d'elle.

LES INVITÉS, à droite.

Quelle est cette princesse ?

LES INVITÉS, à gauche.

Qu'elle est belle!

LE ROI, s'inclinant et prenant Cendrillon par la main pour la conduire.

Princesse, soyez la bienvenue! Notre fête royale est mille fois embellie par votre présence!

(Il fait asseoir Cendrillon sur un fauteuil et se tient auprès d'elle, debout, et continue à lui parler bas de temps en temps. Cendrillon s'évente et sourit. Un des officiers s'approche d'eux et salue profondément.)

L'OFFICIER

Sire, on va jouer le menuet du roi! (Il se retire en saluant.)

LE ROI, à Cendrillon.

Princesse, me ferez-vous l'honneur de danser avec moi le menuet royal?

CENDRILLON se lève et prend la main du roi, qui la conduit jusqu'au milieu du salon. Il la salue et elle répond par une profonde révérence.

Sire, je suis confuse...

Nota. — Les différents groupes viennent se placer après que les danseurs ont choisi leurs danseuses, chaque groupe vient saluer le roi et Cendrillon, puis ils se disposent, en face, à droite et à gauche, selon la figure du menuet qui aura été choisie; chaque danseur salue la danseuse qui se trouve à sa gauche, puis il salue encore sa danseuse à lui; les dames répondent par des révérences. Si l'on trouvait quelque difficulté à faire exécuter une figure de menuet, on pourrait la remplacer par une figure du quadrille des lanciers ou du quadrille ordinaire, en exagérant un peu les révérences.

(Pendant la danse on chantera ce qui suit.)

LE ROI, conduisant Cendrillon.

Air : *Ma Commère, quand je danse.*

Belle dame, entrez en danse,
D'un pas noble et gracieux;
Ecoutez bien la cadence
De cette air majestueux.

CENDRILLON, faisant face au roi.

Oh ! Monseigneur,
A vous l'honneur !
Nous faisons la révérence
A notre roi de grand cœur.

(Elle fait la révérence.)

LES CAVALIERS, reprenant en chœur.

Ah ! Monseigneur,
A vous l'honneur !

LES DAMES, en chœur, faisant la révérence.

Nous faisons la révérence
A notre roi de grand cœur !

(Pendant que la musique joue et que les danseurs exécutent leur pas, la mère et les sœurs de Cendrillon s'avancent sur la scène; elles vont et viennent en se promenant.)

Musique du menuet. — Dialogue pendant la musique.

LA MÈRE

Avouez, mes filles, que vous n'avez pas de chance! Voilà le menuet du roi qui se danse sans vous!...

JAVOTTE

Oui, et sans cette princesse étrangère, l'une de nous y aurait figuré certainement. Il est vrai que Fanchon n'est pas en beauté ce soir. (D'un ton aigre.) Le rose vous sied mal, ma sœur; vos joues rouges comme des pivoines font pâlir votre toilette!

FANCHON, furieuse.

Parlez pour vous, Mademoiselle, et regardez-vous au miroir. Jamais votre teint jaune n'a été aussi apparent qu'avec cet habit vert-pomme!

LA MÈRE

Chut, Mesdemoiselles! Ce n'est pas le moment de vous mettre en colère. Regardez plutôt les danseurs. Cette princesse est vraiment ravissante! Le roi n'a d'yeux que pour elle!

FANCHON

Comme il l'entoure de prévenances et d'attentions!

JAVOTTE

Il en est fou, cela se voit!

LA MÈRE

Voici la fin du menuet. Le roi et la princesse se dirigent de ce côté. Éloignons-nous. (Elles s'écartent un peu.)

LE ROI, ramenant Cendrillon à sa place

Je suis vraiment le plus heureux des hommes. Princesse, un jour, vous me direz votre nom ?

Cendrillon demeure assise. Le roi fait approcher les pages, qui lui offrent l'un après l'autre des fruits, des gâteaux, des rafraîchissements. Cendrillon, qui a reconnu ses sœurs et leur mère, s'avance gracieusement vers elles et leur offre les friandises qu'on lui a présentées. Elle prend la coupe de la main du page et la passe à ses sœurs.

JAVOTTE, minaudant.

Merci, Madame la princesse, je n'ose vraiment accepter...

CENDRILLON

Prenez, prenez donc, Mademoiselle, vous me ferez tant de plaisir ! (A Fanchon.) Et vous, Mademoiselle ? (A la mère.) Vous aussi, je vous en prie, Madame ?

LA MÈRE

Madame la princesse, vous nous faites beaucoup d'honneur et nous ne savons que... et nous ne pouvons pas... que... qui... (Elle reste à court dans sa phrase.)

CENDRILLON

Mesdames, ne me remerciez pas. Mon plaisir est de vous être agréable.

(Elle salue en souriant et retourne à sa place. Les trois dames lui font une profonde révérence.)
Dans cet intervalle, on a fait couler les rafraîchissements. Les dames s'éventent tant qu'elles peuvent. Les seigneurs circulent, le tricorne sous le bras, s'arrêtent à causer devant les dames. Le roi s'est un peu éloigné. Puis, on entend les musiciens qui accordent leurs instruments. Les danses vont recommencer. La mère et les sœurs de Cendrillon reviennent sur le devant de la scène.

JAVOTTE

Eh bien! qu'en dites-vous? A-t-elle été assez aimable avec nous! Vraiment cela doit être une très grande princesse!

LA MÈRE

Personne ne sait d'où elle vient! J'ai demandé autour de moi : elle est tout à fait inconnue!

FANCHON

Mais elle a l'air de nous connaître. C'est extraordinaire qu'elle soit venue à nous de la sorte! Ah! voyez, un danseur qui s'approche... il vient de notre côté!...

JAVOTTE

En voici un autre! Pour sûr, ils viennent nous inviter! On nous a remarquées, enfin!

LA MÈRE

On nous a vues causer avec la belle princesse, cela a fait son effet !

Les deux danseurs s'approchent, s'inclinent et emmènent Javotte et Fanchon. La mère pousse un soupir de soulagement et les regarde partir en s'éventant. La musique joue un air entraînant. Le roi revient vers Cendrillon et comme la première fois se dispose à la conduire pour la danse. Cendrillon se lève, accepte son bras et va le suivre. Tout à coup on entend sonner minuit. Au premier coup, Cendrillon abandonne le bras du roi, s'élance par une des portes du salon et disparaît.

LE ROI reste stupéfait.

Ciel ! qu'arrive-t-il à la princesse ? (Faisant signe aux musiciens.) Arrêtez ! courez !... (La musique cesse, les groupes entourent le roi.)

DANS LES GROUPES

Sire, qu'y a-t-il ?

UNE DAME

Sire, seriez-vous malade ? Voici mon flacon ! (Elle tend son flacon.)

UN SEIGNEUR

Quelqu'un aurait-il attenté aux jours de votre royale personne ? Voici mon épée ! (Il sort son épée du fourreau.)

LE ROI

Non ! non ! rien de tout cela ! La princesse étrangère

est partie, je suis désespéré! Qu'on coure! Qu'on la retrouve!... il y va de mon repos, de ma vie... de mon bonheur!

(Il tombe affaissé sur un fauteuil; on l'entoure; on lui fait respirer des sels.)

Les gardes qui étaient à la porte du palais n'ont-ils pas vu la princesse appeler son carrosse pour partir?

UN GARDE, s'avançant.

Sire, nous n'avons vu passer qu'une pauvre fille, vêtue comme une paysanne et qui avait l'air de fuir; elle a disparu en tournant la rue.

LE ROI, chantant.

Air : *Pan! qu'est-c' qu'est là! C'est Polichinelle,* etc.

Ah! mais vraiment,
Quelle fâcheuse nouvelle!
Ah! mais vraiment,
Qu'un pareil événement!

LES INVITÉS

Premier Couplet

Oui, pour le roi,
Recherchons la princesse,
Car sa tristesse
Est cruelle, ma foi!

TOUS EN CHOEUR

Ah ! mais vraiment,
Quelle fâcheuse nouvelle !
Ah ! mais vraiment,
Qu'un pareil événement !

LE ROI

Deuxième Couplet

Oh ! quel moment !
J'en ai perdu la tête,
De cette fête
Trouvez l'objet charmant.

TOUS EN CHOEUR

Ah ! oui vraiment,
Ce serait gloire bien belle,
Ah ! oui vraiment,
Qu'un pareil événement !

(Pendant tout ce chant, le roi et ses invités dansent le pas de Polichinelle, et ils s'en vont en formant un défilé, par rang de taille, les pages les derniers.)

(*La toile se baisse.*)

ACTE III

SCÈNE PREMIÈRE

LA DUCHESSE, LA MARQUISE

(La scène représente un parc à demi éclairé. — Dans le lointain, on aperçoit le château brillamment illuminé. — La duchesse et la marquise, en costume de bal, un éventail à la main, arrivent chacune de leur côté et se rencontrent.

LA DUCHESSE

(A part.) Qui donc vient là ? (A la marquise.) Comment, c'est vous, Marquise ? J'aurais dû vous deviner de suite à la couleur cerise de votre grand habit : il est vrai que dans cette demi-obscurité il ne peut produire le même effet que sous les lustres. (A part.) Cet habit est d'un roide ! il lui donne une tournure affreuse ! Elle n'avait, ma foi, pas besoin de ça !...

LA MARQUISE

Enchantée de vous rencontrer, ma chère Duchesse ! Vous cherchez, comme moi, l'air frais de la nuit ? On étouffe dans ces salons, et puis le bal manquait d'entrain ce soir !

LA DUCHESSE

Vous trouvez? Mais il me semble, au contraire, que la présence de cette princesse inconnue mettait tout en fête !

LA MARQUISE

Ah! justement. Cela manquait de comme il faut! Je n'aime pas ces étrangères, ces aventurières qui accaparent tous les honneurs !

LA DUCHESSE

Vous avez raison, Marquise; sans elle, il est certain que le roi m'aurait fait l'honneur de m'inviter à danser. Au dernier bal, je figurais à la pavane royale, vous vous en souvenez ?

LA MARQUISE

(A part.) Oui, et elle y faisait belle figure, en effet! (Haut.) Que voulez-vous, ma chère, le proverbe qui dit: *Tout nouveau, tout beau*, sera toujours vrai ! (On entend du bruit au dehors. — La musique joue en sourdine l'air de *la Retraite*, de Loïsa Puget.) Entendez-vous ? On sonne la retraite. Il est l'heure de rentrer. On va éteindre les lumières ?

LA DUCHESSE

C'est singulier ! Tout semble s'animer au château ! j'aperçois de nouvelles lumières aux fenêtres qui n'étaient pas éclairées tout à l'heure. — Je vois des officiers qui portent des lanternes! Que se passe-t-il? Avançons!

(Elles se rapprochent d'un des côtés et regardent. Le défilé sort du château, les chambellans en tête, puis le roi, des officiers des gardes, un médecin en robe et perruque, les cuisiniers, les petits marmitons en bonnet blanc et tablier de cuisine; tous portent à la main une lanterne et paraissent fouiller dans tous les coins. La musique continue pendant le défilé.

(Chantant.)

Air : *C'est la retraite.*

Refrain

C'est la retraite, et cependant
Le château s'éveille dans ce moment!
Quel est ce bruit, ce mouvement?
On s'agite terriblement!

TOUS EN CHOEUR

Premier Couplet

Cherchons les pas de cette belle
Au ravissant petit soulier.
Le Roi l'a dit : il faut pour elle
Fouiller le plus sombre sentier.

Refrain

C'est la retraite, et cependant
Le château s'éveille dans ce moment
Quel est ce bruit, ce mouvement?
On s'agite terriblement!

LA DUCHESSE, montrant du bout de son éventail.

Deuxième Couplet

Je vois sur l'herbette
Briller, c'est comme un diamant,
Pantoufle coquette
D'un pied si charmant.

(Un marmiton se baisse et ramasse la pantoufle, qu'il présente au roi, en la plaçant sur son bonnet, en guise de coussin.)

LE ROI

Ciel ! c'est la pantoufle ! la pantoufle de la princesse ! (Il l'embrasse avec transport.) Oh ! avec cette relique, je saurai bien la retrouver ! (Aux gardes.) Gardes ! qu'on ferme les portes du parc ; que chacun rentre dans ses appartements, et que, cette fois, on sonne, pour de bon, le couvre-feu. (A part.) Oh ! ma princesse, je vous revois en rêve !...

(Il marche vers le château, en tenant la pantoufle dans ses mains, suivi de tout le cortège, qui défile sur la scène.)

TOUS EN CHOEUR, en défilant.

C'est la retraite, et ran tan plan,
Sur son oreiller, oui, chaque habitant...
C'est la retraite, et ran tan plan,
Pourra dormir le cœur content.

(Le cortège rentre au château dans le même ordre, pendant que la musique continue à jouer.)

(*La toile se baisse.*)

ACTE IV

SCÈNE PREMIÈRE

CENDRILLON, JAVOTTE, FANCHON, LA MÈRE

La scène se passe chez les sœurs de Cendrillon et représente une chambre à coucher ou un salon. Fanchon se fait préparer une tasse de thé par Cendrillon, qui l'installe sur un petit guéridon placé devant sa sœur. La toile se lève au moment où Cendrillon verse le thé. Javotte bâille et respire de temps en temps un flacon de sel. La mère est étendue sur une chaise longue et dort. Les deux sœurs sont revêtues d'un élégant vêtement qui couvre leur toilette de bal. Cendrillon a repris son pauvre sarrau et son bonnet noir.

JAVOTTE, bâillant.

Que je suis donc fatiguée! Je devrais me mettre au lit et dormir toute la journée, cela me ferait du bien... J'ai un mal de tête épouvantable...

FANCHON

Vous êtes bien heureuse de n'avoir qu'un mal de tête! Moi, l'estomac me tiraille à mourir! Cendrillon, le sucrier! Ce rhum ne sent rien, mets en davantage...
(Cendrillon s'empresse de la servir.)

CENDRILLON

Vous ne vous êtes donc pas amusées au bal, mes sœurs, que vous avez l'air si triste ce matin ?

JAVOTTE, se redressant.

Au contraire, c'est parce que nous nous sommes trop amusées que nous sommes si lasses. Le bal a été merveilleux, et puis nous y avons vu la plus jolie princesse du monde.

FANCHON

Personne ne la connaissait, mais le roi ne la quittait pas, il n'a dansé qu'avec elle.

JAVOTTE

Elle nous a remarquées bien vite et nous a offert des gâteaux et des friandises qu'on lui avait apportés.

CENDRILLON, joignant les mains.

Oh ! que j'aurais voulu la voir !

FANCHON

Voilà un souhait bien ridicule de la part d'une pauvre fille comme toi !

JAVOTTE

Ce qu'il y a eu d'extraordinaire, c'est qu'au premier

coup de minuit la belle princesse, qui allait danser pour la seconde fois avec le roi, a quitté la fête précipitamment; elle s'est enfuie en laissant tomber une de ses jolies pantoufles; mais un page l'a ramassée, dit-on, et rapportée au roi.

CENDRILLON, avec émotion.

Ah! mon Dieu!

FANCHON

Oui, il paraît que le roi fait chercher partout la princesse inconnue. Il a déclaré qu'il ne pouvait vivre sans elle. (On entend du bruit au dehors et des coups frappés à la porte.)

LA MÈRE, se réveillant.

Quel bruit, quel tapage! On ne peut reposer un instant ici!... Allons, Cendrillon, faudra-t-il que j'aille ouvrir à ta place?... (Cendrillon sort et rentre suivie d'un cortège composé d'un officier, de deux gardes, d'un page qui porte la pantoufle sur un coussin.)

SCÈNE II

LES MÊMES, UN OFFICIER, DEUX GARDES, UN PAGE

L'OFFICIER, saluant.

Au nom du roi, mon maître, j'ai ordre de vous

faire connaître le nouvel édit qui sera lu, à pareil jour et à pareille heure, dans tout le royaume. (Lisant.)

« Par la volonté de nos sujets, nous, Roi du pays
« des Camélias et des Roses, avons ordonné et ordon-
« nons ce qui suit : Toute fille de notre royaume qui
« aura le pied assez petit pour chausser la pantoufle
« trouvée au bal et qui pourra fournir l'autre pantoufle
« sera le jour même choisie pour devenir l'épouse de
« notre Majesté royale et la reine de ce royaume de
« fleurs. Fait en notre palais, l'an premier de notre
« règne. »

LA MÈRE

Javotte, Fanchon, approchez. Montrez votre pied, qu'on essaie !..

JAVOTTE

A moi d'abord, je suis l'aînée ! (Elle s'assied sur une petite chaise, l'officier à genoux devant elle lui essaie la pantoufle.)

FANCHON

Mais, ma sœur, vous faites des efforts surhumains, il est visible que vous n'y entrerez pas. Laissez-moi prendre votre place.

JAVOTTE, rejetant la pantoufle avec dépit.

Ah ! j'y renonce ! Quel pied faut-il avoir pour mettre cette pantoufle !

FANCHON, regardant la pantoufle.

Oh ! je crois que j'y entrerai facilement, j'ai le pied beaucoup plus petit que celui de ma sœur.

LA MÈRE, bas à Fanchon.

Tâche donc d'entrer ! Ne va pas manquer une pareille chance !

FANCHON, découragée.

C'est impossible !.. Jamais personne n'aura le pied assez petit pour chausser cette pantoufle !

CENDRILLON, qui s'est tenue à l'écart, en raccommodant des bas, près de la fenêtre, s'avance timidement

Si j'essayais, moi aussi !

JAVOTTE ET FANCHON

Toi ! Ah ! la bonne farce !

LA MÈRE

Par exemple !

L'OFFICIER, examinant Cendrillon.

Mais, Mademoiselle a raison ! L'édit du roi est clair : « Toute fille de notre royaume essaiera la pantoufle, etc., etc. » Mademoiselle est une fille, et même de son royaume (S'approchant d'elle), et, par ma foi ! de fort joli visage ou je ne m'y connais pas ! Essayons la pantoufle !..

(La mère et les sœurs ont l'air de protester ; mais Cendrillon s'assied, avance le pied qui entre dans la pantoufle sans difficulté. Aussitôt, elle sort de ses vêtements l'autre pantoufle, dont elle se chausse. Geste d'étonnement de tous les personnages. — A ce moment, à la lueur d'un feu de Bengale, la fée apparaît et touche Cendrillon de sa baguette. Elle apparaît avec ses vêtements de bal. Les dames la reconnaissent et tombent à genoux devant elle.)

LA FÉE, chantant.

Air : *La Boulangère a des écus.*

Premier Couplet

Dans Cendrillon, sous ces atours, } *bis.*
Vous voyez la princesse.
Pour elle, adieu les mauvais jours,
    Honneur à sa noblesse !
      Toujours } *bis en chœur.*
    Honneur à sa noblesse !

Deuxième Couplet

LE CORTÈGE DE LA PANTOUFLE

Mais oui, vraiment, sous ces atours, } *bis.*
    Nous voyons la princesse.
Que Dieu lui donne de longs jours !
    Honneur à sa noblesse !
      Toujours } *bis avec la Fée.*
    Honneur à sa noblesse !

JAVOTTE

C'est elle ! C'est la princesse !

FANCHON

Madame, pardonnez-nous.

CENDRILLON

Relevez-vous, mes sœurs, et embrassez-moi. Je vous pardonne de grand cœur. (A sa mère, qui reste à l'écart.) Vous, ma mère, ne vous éloignez pas !

(A cet instant le page, qui est sorti quelques minutes, revient précipitamment, en annonçant :)

LE PAGE

Le roi ! Le roi ! Voici le roi !..

LE ROI, suivi d'un nombreux cortège, s'incline devant Cendrillon et chante :

Air : *Fleuve du Tage.*

Premier Couplet

O ma princesse,
Bel ange radieux,
Vers vous, sans cesse,
S'envolaient tous mes vœux.
Sans vous mon beau royaume
N'est plus qu'un toit de chanvre ;
Pour vous servir,
Mes sujets vont s'unir.

Chœur (à volonté)

Sans vous mon beau royaume
N'est plus qu'un toit de chanvre;
Pour vous servir,
Mes sujets vont s'unir.

Deuxième Couplet

Chaque fleurette,
Pleine d'un doux respect,
En collerette,
Frissonne à votre aspect;
Et chacune en cadence
Vous fait sa révérence;
Pour vous ravir,
Les boutons vont s'ouvrir.

Chœur

Chaque fleur en cadence
Vous fait sa révérence;
Pour vous ravir;
Les boutons vont s'ouvrir.

Troisième Couplet

(S'inclinant très bas.)

A vous l'hommage
D'un peuple et de son roi ;
Vous, la plus sage,
Recevez notre foi.

En ce jour de promesse,
J'apporte à ma princesse,
Avec bonheur,
Ma couronne et mon cœur. (Il fléchit le genou.)

Chœur

En ce jour de promesse,
Il offre à la princesse,
Avec bonheur,
Sa couronne et son cœur.

LE ROI, se relevant.

Et maintenant, madame, puisque j'ai retrouvé aujourd'hui la princesse de mon choix, permettez à mes sujets, ici présents, de saluer en vous la reine de ce royaume.

CENDRILLON

Sire, en acceptant cet honneur, laissez-moi mettre sous votre protection mes deux sœurs, Javotte et Fanchon, que voici !

LE ROI, aux deux sœurs qui s'avancent en faisant la révérence.

Nous les marierons, princesse ! Et puisqu'elles sont vos sœurs, nous leur ferons épouser les deux plus grands seigneurs de la cour.

(La mère lève les bras au ciel; les filles font un geste de remerciement.)

LE ROI, présentant Cendrillon au public.

Air : *Il était un roi d'Yvetot*, etc.

Premier Couplet

Du joli royaume des fleurs,
    Voici la souveraine!
Que des feux aux mille couleurs,
    Sur le royal domaine,
Ce soir, répandent leurs lueurs.
Qu'un bon vin réchauffe les cœurs!
    Ah! ah!
Oh! oh! oh! oh! ah! ah! ah! ah!
Qu'on se souvienne de cela. } bis en chœur.
    Là! là!

LES DEUX SŒURS, JAVOTTE ET FANCHON

Deuxième Couplet

Adieu, la sotte vanité
    Qui nous rendait cruelles,
Car, bien souvent l'adversité
    Punit les cœurs rebelles!
C'est Cendrillon, c'est notre sœur,
Qui nous sauve d'un tel malheur.
    Ah! ah!
Oh! oh! oh! oh! ah! ah! ah! ah!
Pourrions-nous oublier cela! } bis en chœur.
    Là! là!

LA FÉE s'avance sur la scène.

C'est ainsi que de Cendrillon
    Finit la belle histoire.
Il est des filles par million
    Qui rêveraient sa gloire.
Pour mériter un pareil don,
Avant tout, ayez le cœur bon.
    Ah ! Ah !

Oh ! oh ! oh ! oh ! ah ! ah ! ah ! ah ! \
Se faire aimer, oui, tout est là !   } *bis en chœur.*
    Là ! là !   /

(Reprendre en chœur tout ce couplet.)

Nota. — Tous les acteurs saluent : la Fée au milieu, le Roi et Cendrillon à sa droite, les deux sœurs à sa gauche, la mère un peu sur le côté, les gardes, seigneurs, dames, pages, etc., etc., formant le cercle, en arrière.

(La toile se baisse pendant que la musique joue la dernière ritournelle.)

FIN

Paris. — Imp. Hemmerlé et Cie, rue de Damiette, 2, 4 et 4 bis.

8 juillet

www.ingramcontent.com/pod-product-compliance
Lightning Source LLC
Chambersburg PA
CBHW070449170426
43201CB00010B/1263